尋訪日本之美

大人

絕景旅

京都

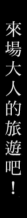

來場大人的旅遊吧！

CONTENTS

大人絕景旅

京都

本書是以「選擇美景的絕景旅行」作為概念，介紹日本美景或傳統，並尋訪名物名產的導覽書，以嚴選景點提供行程建議，讓你的旅程不辛苦也不浪費時間，只留下美好的回憶。

春秋兩季特別公開的瑠璃光院（→P.69）。紅葉倒映在長廊上的光景令人感動。
©YANSHIN／a.collection
RF／amanaimages

隨書附贈
● 京都市內公車路線圖
● 主要公車站牌地圖
● 京都車站公車站牌地圖
● 京都路名介紹
大開本拉頁地圖

本書使用方法

資料查詢方式

MAP P.00A-0　標示景點的地圖頁碼與位置。

☎=電話號碼

地=地址

營=營業時間、開館時間　餐廳為開店到最後點餐的時間，相關設施則是最後的入場時間。

休=公休日　除逢年過節、臨時公休外的固定公休日。

費=費用　若須收費，本書標示的皆為成人的費用。

交=交通　最近一站到目的地需要的時間，或是最近交流道到目的地的距離。

P=停車場　標示有無停車場。

▶P.38　表示本書的介紹頁數。

【注意事項】
本書所列費用，原則上是根據採訪當時稅率，提供含稅的金額。利用時請多留意。

★本書刊載的皆為2018年8月的資料。

★飯店服務費等，各飯店不同。房費為2人入住時每人須支付的金額。

★出版後內容可能調整，利用前請多確認。

★書中介紹商品可能銷售一空或價格調整。價格、時間、公休日、菜單也會變動，出發前請再次確認。

★若實際情況與本書刊載內容不符，所造成之損害本公司一概不負賠償責任。敬請見諒。

京都広域図

左京区

馬温泉
寂光院卍
来迎院卍
宝泉院 P.151
三千院門跡 P.152
真野
近江高島駅
堅田駅
道の駅びわ湖大橋 米プラザ
琵琶湖大橋
レインボーロード

岩倉駅
八瀬比叡山口駅
崇導神社卍
P.69 比叡山延暦寺
P.11,69 瑠璃光院
仰木雄琴
おごと温泉駅
おごと温泉
守山市
小津神社卍
道の駅草津
近江八幡駅

三宅八幡駅
叡山電車
一乗寺駅
元田中駅
西教寺卍
日吉大社卍
根本中堂卍
坂本 比叡山口駅
滋賀里ランプ
下阪本
比叡山坂本駅
坂本北
琵琶湖博物館
志那神社卍
観音寺卍
中山道
貴生川駅

柳駅
銀閣寺卍
大
平安神宮
南禅寺卍
知恩院卍
清水寺卍
曼殊院卍
近江神宮卍
皇子ランプ
京阪石山坂本線
大文字山
唐崎駅
大津京駅
草津駅
栗東駅
草津線
栗東市

山科駅
藤尾南ランプ
大津市役所
三井寺卍
滋賀県庁
浜大津駅
なぎさ公園
近江大橋
石津寺卍
南草津駅
草津市
東海道本線
名神高速道路
草津Jct

京都東
大津
大津SA
音羽山
大津駅
膳所駅
石山駅
石山寺駅
瀬田西
瀬田駅
瀬田東Jct
瀬田東
草津PA
草津田上
新名神高速道路
信楽IC

山科区
東海道
勧修寺卍
随心院 P.17,150
醍醐寺 P.156
石山
石山寺駅
瀬田西
滋賀大
滋賀県
大津市

六地蔵駅
奈良線
日野薬師卍
岩間寺卍
南郷
立木観音卍
太神山
422

黄檗山 萬福寺 P.144
黄檗駅
宇治西
笠取
瀬田川
春日神社卍

三室戸寺
宇治駅
宇治上神社卍
平等院卍
宇治市
P.132下 宇治
正寿院 P.148
宇治田原町

4

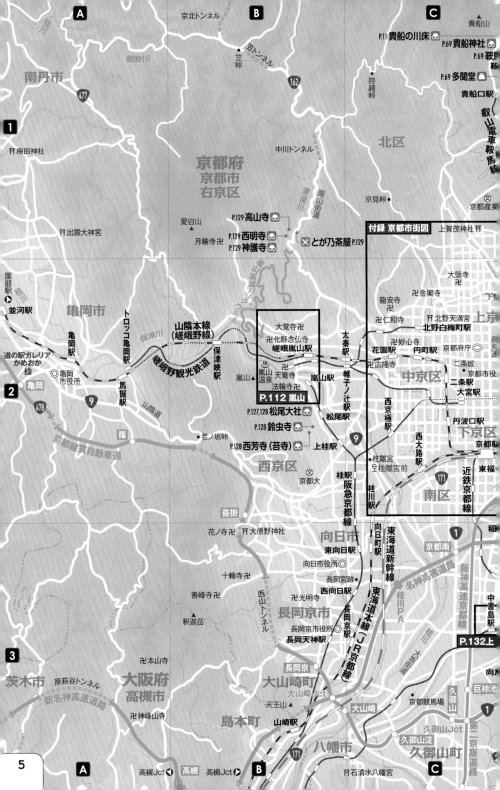

邂逅美麗的東山文化
銀閣寺～南禪寺
▶P.49

觀光祕訣 連接本區南北的哲學之道，是京都頗富盛名的散步小徑。可一邊欣賞隨季節變化的美麗風景，一邊走到銀閣寺、南禪寺等讓人找回心靈平靜的寺廟走走。

絕景導覽
- 南禪寺 ▶P.56
- 青蓮院門跡 ▶P.60
- 傾斜鐵道 ▶P.62
- 平安神宮 ▶P.63

京都
分區導覽

京都的觀光景點隨處可見。出發前先來了解一下每條街道的特徵吧！

銀閣寺

銀閣寺・南禪寺

清水寺

大

清水寺・祇園

京都車站

伏見・宇治

平等院

京都必去景點
清水寺～祇園
▶P.25

觀光祕訣 擁有清水寺、八坂塔、高台寺、祇園街道等知名觀光景點。美食餐廳、伴手禮店櫛比鱗次，讓人可在此盡情享受觀光、美食、購物等種種慾望。

絕景導覽
- 清水寺 ▶P.32
- 產寧坂 ▶P.36
- 高台寺 ▶P.38
- 花見小路 ▶P.41
- 祇園白川 ▶P.44

交通

基本常識 1
京都觀光景點相當密集，2天1夜也能玩！

京都市內的景點，距離都不會太遠。即便只有2天1夜，也能走完清水寺、祇園、嵐山等人氣景點。短時間就能享受充實旅程，可以輕鬆出門。若安排3天2夜的話，還能到郊外走走。

基本常識 2
市區街道呈「棋盤狀」

在街道呈棋盤狀的京都，往北走稱為「上」，往南則稱為「下」。因此，「四條烏丸下」的意思就是「位在四條烏丸十字路口再南邊一點的地方」。若想移動起來更加輕鬆，一定要記得這個原則。

基本常識 3
地下鐵與市區公車是最佳組合

在京都觀光時，能成為遊客雙腳的就是方便的京都市公車。優點是各大觀光景點都有停靠，問題是旺季時容易遇到塞車。若搭配無須擔心塞車問題的地下鐵，保證暢通無阻！

基本常識 5
想避開人潮，就選郊外

擁有絕妙自然景觀的郊外景點，幾乎都是離市區約1小時車程的地方。人潮較少，可盡情享受悠閒時光。

基本常識 4
不要小看春秋兩季的塞車

人多混雜到連當地人都害怕的春秋兩季，動不動就塞車，自駕一定會崩潰！建議大家搭電車。

基本常識 6

事先預約比較保險！出發前先打電話確認

京都的知名餐廳基本上光接預約就客滿了。因此若有想去的餐廳，請提早預約。當天才決定的話，出發前先打電話確認會比較保險。

基本常識 7

想前往咖啡館，建議避開尖峰期

最近有許多大排長龍的咖啡廳或甜點店。將其列為早午餐、餐後甜點的行程，稍微錯開尖峰時間，就能省去排隊之苦。

\ 5大 /
必吃美食

1 京料理 ▶P.74

▶P.82
2 京番菜

▶P.88
3 京都甜點

▶P.86
4 懷舊咖啡館

▶P.76
5 老舖丼飯·麵食

購物

基本常識 8

想一次買齊，就到販售各式人氣伴手禮的京都車站！

行李是到最後關頭才想增加的東西。觀光客想買的人氣伴手禮，在京都車站幾乎都買得到。想一次買齊，可在搭乘新線前，直接在京都車站購買。

基本常識 9

要搶購的是只有在某家店才能買得到的限定商品

京都很多店家都會推出本店或季節限定的商品。難得來到京都，千萬別錯過只有當時才買得到的限量商品。

\ 5大 /
必吃伴手禮

▶P.158
1 典雅京菓子

▶P.160
2 香鬆飯友

▶P.163
3 布製雜貨

▶P.162
4 老店名品

▶P.163
5 紙製雜貨

串連三大世界遺產

金閣寺～北野天滿宮
▶P.91

觀光祕訣 此區域集結了金閣寺、龍安寺、仁和寺等世界遺產的古蹟。供奉學問之神的北野天滿宮、京都歷史最悠久的花街、上七軒等也在周邊，規畫行程時可安排在一起。

絕景導覽
● 金閣寺 ▶P.98
● 龍安寺 ▶P.100
● 仁和寺 ▶P.102
● 妙心寺 ▶P.104

N

金閣寺・北野天滿宮

金閣寺

嵐山

JR山陰本線

河原町・烏丸
▶P.72

渡月橋

JR東海道新幹線

東寺

鴨川

風光明媚的京都風景勝地

嵐山
▶P.111

觀光祕訣 嵐山曾為貴族別墅區。除了渡月橋、竹林之道、天龍寺等勝地外，雄偉壯闊的自然景致也是一大看頭。無論你是喜歡櫻花或楓葉，瞄準時機先搶先贏！

絕景導覽
● 天龍寺 ▶P.116
● 渡月橋 ▶P.118
● 竹林之道 ▶P.120
● 祇王寺 ▶P.122

多走幾步往郊外去吧！
▶P.131

伏見～宇治

觀光祕訣 若是想到郊外走走的話，推薦平等院、擁有超高人氣抹茶甜點的宇治，以及擁有多間酒廠的伏見。宇治與伏見相隔不遠，可以將這兩個景點排在一起。

絕景導覽
● 伏見稻荷大社 ▶P.136
● 伏見 十石舟 ▶P.139
● 平等院 ▶P.140

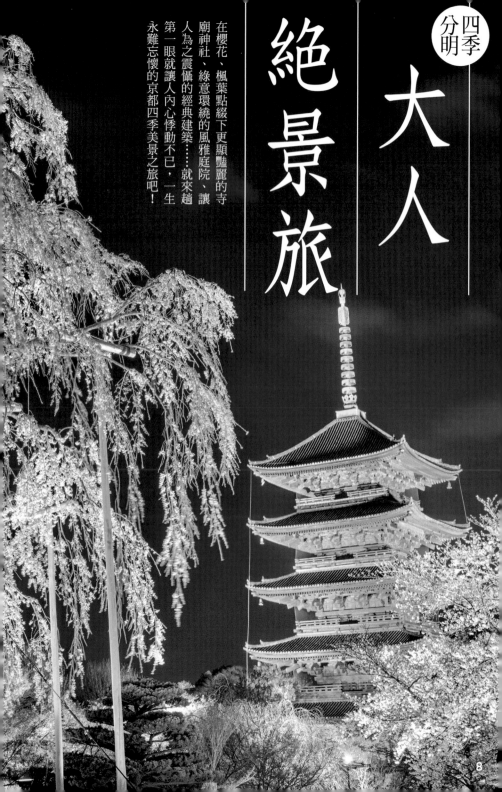

大人

絕景旅

在櫻花、楓葉點綴下更顯豔麗的寺
廟神社，綠意環繞的風雅庭院、讓
人為之震懾的經典建築……就來趟
第一眼就讓人內心悸動不已，一生
永難忘懷的京都四季美景之旅吧！

8

立於夢幻寺廟內，氣勢凌駕京都代表建築物的不二櫻

被列為世界遺產的東寺是桓武天皇為鎮護國家所建造，高達55公尺的五重塔，享有全日本最高的木造建築之盛名，也是京都最為人熟悉的代表建築。春天造訪時，可以看到存在感絲毫不輸給這座五重塔，高達13公尺的八重紅枝垂櫻「不二櫻」。這棵取自空海的「不二之道」的櫻花樹，晚上打燈後就會有別於白天華麗的樣貌，呈現出婀娜妖豔之姿，讓觀光客為之傾倒。

東寺 [京都車站周邊]
▶ P.152

春
Spring

祇園的囃子樂聲宣告了京都夏日的到來

盆地地形帶來的濕度，讓京都的夏天以酷暑著稱。京都三大祭典之一的祇園祭，也可說是宣告京都正式進入炎熱夏季的祭典。在梅雨季結束，即將邁入盛夏的7月，京都的男女老幼都忙著準備祇園祭。以夢幻的宵山、被稱為「移動美術館」的山鉾（山車）遊行為中心，舉辦為期一個月的各種宗教儀式。伴隨人們與街道的熱情氛圍，京都夏日正式到來。

1 祇園祭〔市內各處〕
▶ P.170

寺町通 Teramachi dori

御幸町通 Gokomachi dori

北觀音山

2 琉璃光院 ▶P.69

1 祇園祭最大亮點的山車遊行。裝飾極為絢爛豪華的山車行走在都大路上。2 翠綠楓葉映照於矮桌的倒影，帶來徐徐涼意。3 被稱為「京都奧座敷」的貴船。在水面吹來的涼氣環繞下，享受恬靜時光。4 蓮花盛開時，一早就會有觀光客前來參拜。

3 貴船川床 〔貴船〕
MAP P.4C-1

4 三室戶寺 〔宇治〕
▶P.143

穿過洶湧人潮，
前往眼前盡是楓葉
美景的錦繡雲海

雖然京都的四季皆有其獨特魅力，但色彩最絢爛奪目的季節還是秋天。隨處可見的紅葉，將京都點綴得更加豔麗，讓觀者的情緒逐漸高昂。另外，最能代表京都秋天的，就是在廣大腹地內種植約2千棵楓樹的東福寺。從橫跨溪谷兩側的通天橋往下眺望，是一片遼闊的紅葉海。最佳觀賞期時會湧入40萬人潮的絕美景點，一生一定要造訪一次。

2 永觀堂〔南禪寺周邊〕
▶ P.59

12

秋 Autumn

1 東福寺（京都車站周邊）
▶P.150

4 東寺 （京都車站周邊）
▶P.152

1 以通天橋連接本堂與開山堂。**2** 自古以來便是眾人熟知的「紅葉永觀堂」。**3** 藏在秋日紅葉堆的地藏菩薩。可愛的表情讓人會心一笑。**4** 映照在池中水面的紅葉倒影也美不勝收。

3 圓光寺 （一乘寺）
▶P.68

冬
Winter

連流動的空氣都
彷彿凍結，京都
冰冷刺骨的冬季

雖然京都有許多可稱為觀光
景點的地方，但若說到風景
勝地，大家第一個想到的應
該就是嵐山吧？在雄偉壯闊
的自然景致環繞下，古代貴
族都將別墅蓋在此處。背後
是小倉山且橫跨大堰川的渡
月橋，於平安初期完工。冰
冷刺骨的寒風陣陣襲來的京
都冬季早晨。渡月橋與小倉
山都被染上一層雪白，這樣
的景色就連平安時期的貴族
也為之著迷吧！

渡月橋 （嵐山）
▶P.118

15

雅
Miyabi

元離宮二條城〔二條城〕
▶P.151

葵祭　（市內各處）
▶P.171

1 這間大廣間可以說是二之丸御殿內最高貴典雅的空間。也是宣布大政奉還的歷史現場。2 葵祭是京都三大祭之一。莊嚴隆重的遊行隊伍從京都御所出發後，往下鴨神社、上賀茂神社前進。3 據說是從嵯峨天皇開始的中秋賞月活動—「觀月夜」。4 以電腦繪圖繪製而成的襖繪（屏障畫）花樣生動活潑，相當引人注目。

金碧壁畫象徵了其優雅的文化與歷史

德川幕府起始與終結的舞台——二條城，將極為奢華的桃山文化精華濃縮其中。一走進，就被各式金碧輝煌的裝飾藝術所震懾。最值得一提的就是以超過3600面的壁畫裝飾而成的二之丸御殿。狩野派繪師創作的壁畫搭配花鳥模樣的格天井打造出的豪華絢爛空間，象徵了德川家的昔日榮光，成為歷史的一部分流傳至今。

4 隨心院 〔醍醐〕
▶ P.150

3 觀月夜 〔嵐山〕
▶ P.123

大人的旅遊計畫，就以「想做什麼？」來安排！

主題式行程規畫

周遊之旅

3天2夜

嵐山～金閣寺～伏見～清水寺

嵐山、伏見稻荷大社、清水寺
古都超人氣觀光景點巡禮

用3天2夜走遍京都必去景點&享用京都美食，超充實！

第1天 前往風光明媚的嵐山地區
與世界遺產金閣寺！

10:00 電車12分鐘	JR京都車站	從京都車站出發，搭乘JR最為順暢。抵達嵯峨嵐山車站後，步行15分鐘。
10:30 步行5分鐘	渡月橋	▶P.118
11:00 步行可抵達	天龍寺	▶P.116
12:00 步行可抵達	午餐	精進料理 篩月 ▶P.81 松籟庵 ▶P.126
13:30 步行可抵達	竹林之道	▶P.120
13:45 嵐電20分鐘	野宮神社	▶P.122
15:00 步行15分鐘	龍安寺	▶P.98
16:00 公車35分鐘	金閣寺（鹿苑寺）	▶P.98
18:00	晚餐	AOI ▶P.82 數家SHIKAWA ▶P.83
Stay	京都車站周邊飯店	

渡月橋
天龍寺

位於天龍寺境內的「精進料理 篩月」

竹林之道

葵　龍安寺

18

伏見稻荷大社

主題式行程規畫

第2天 到最受歡迎的伏見稻荷大社，及郊外的宇治地區走走逛逛

時間	地點	備註	參考
9:00 電車3分鐘	JR京都車站		
9:30 電車4分鐘	東福寺		▶P.150
11:00 電車15分鐘	伏見稻荷大社		▶P.136
12:30 電車15分鐘	午餐	Torisei本店	▶P.139
14:00 步行10分鐘	平等院		▶P.140
15:30 電車30分鐘	抹茶甜點	辻利兵衛 本店 通圓	▶P.143 ▶P.144
17:00 步行10分鐘	購物	葛清老舖 金竹堂	▶P.47 ▶P.46
19:00	先斗町	先斗町 百練	▶P.84
Stay	河原町周邊飯店		

「辻利兵衛 本店」的宇治抹茶聖代──宇治譽。

平等院

先斗町

第3天 以清水寺與小巷漫步，結束美好旅程

時間	地點	備註	參考
9:00 公車10分鐘	四条河原町		
9:30 步行5分鐘	清水寺		▶P.32
10:30 步行5分鐘	產寧坂、二寧坂		▶P.36
11:30 步行10分鐘	高台寺		▶P.38
12:30 步行15分鐘	午餐	祇園豆寅	▶P.46
14:00 電車4分鐘	錦市場		▶P.78
15:00	京都塔SANDO		▶P.165
16:30	JR京都車站		

產寧坂

錦市場

清水寺

祇をん 豆寅

1 日行程

平安神宮、仁和寺、圓山公園
走遍京都櫻花景點的春天浪漫之旅

從一大早到夜間點燈，串連此生必看賞櫻景點！

平安神宮

南禪寺　　傾斜鐵道

9:00 電車20分鐘	京都車站	搭乘地下鐵。到烏丸御池站轉乘烏丸線、東西線。
9:30 步行10分鐘	傾斜鐵道	▶P.62
10:00 步行可抵達	南禪寺	▶P.56
11:00 步行15分鐘	午餐　南禪寺 順正	▶P.67
12:30 步行5分鐘	平安神宮	▶P.63
13:30 電車7分鐘	咖啡館　菓子Cheka　京都Modern Terrace	▶P.66 ▶P.63
14:30 公車30分鐘	元離宮二條城	▶P.151
16:00 公車50分鐘	仁和寺	▶P.100
18:00 步行5分鐘	晚餐　AWOMB 祇園八坂	▶P.80
19:00 公車20分鐘	圓山公園	▶P.40
20:00	JR京都車站	

到南禪寺大門前的湯豆腐老店「南禪寺 順正」享用湯豆腐午餐。

元離宮二條城

圓山公園

在仁和寺旁的咖啡館「御室 Sanowa」稍作休息。　▶P.108

仁和寺

秋楓錦繡巡禮

1日行程

瑠璃光院、東福寺、永觀堂、東寺
不容錯過的夜間參拜豪華行程

即使人山人海也不想錯過的必去景點＆時下最夯賞楓景點！

瑠璃光院

9:00 公車·電車45分鐘	JR京都車站	
10:00 公車10分鐘	瑠璃光院	▶P.69
11:30 電車15分鐘	詩仙堂	▶P.68
12:00 電車6分鐘	午餐 仁王門 Uneno	▶P.77
13:30 電車20分鐘	東福寺	▶P.150
15:00 步行10分鐘	永觀堂（禪林寺）	▶P.59
16:00 公車30分鐘	咖啡館 菓子Cheka 京都Modern Terrace	▶P.66 ▶P.63
17:30 步行15分鐘	京都車站大樓	▶P.164
19:00 步行15分鐘	東寺（教王護國寺）	▶P.152
20:30	JR京都車站	

詩仙堂

離詩仙堂不遠的「一乘寺中谷」設有茶房。
▶P.68

東福寺

擁有多種季節限定商品的金平堂專賣店「綠壽庵清水」。 ▶P.66

東寺（教王護國寺）

永觀堂（禪林寺）

⚑ **1** 日行程

東山～京都車站～東福寺

青蓮院門跡、三十三間堂、東寺
參訪莊嚴佛像與藝術庭園的旅行計畫

宛如現代藝術的摩登襖繪、庭園與佛像，看頭十足！

青蓮院門跡

10:00 電車15分鐘	京都車站	
10:30 公車15分鐘	青蓮院門跡	▶ P.60
11:30 步行5分鐘	三十三間堂（蓮華王院）	▶ P.153
13:00 步行20分鐘	京都四季飯店積翠亭	▶ P.155
14:30 電車15分鐘	東福寺	▶ P.150
15:30 公車20分鐘	東寺（教王護國寺）	▶ P.152
16:30 步行15分鐘	購物　　　　　開化堂	▶ P.162
18:00	JR京都車站	

在「青蓮院門跡」一邊
觀賞美麗的庭園，一邊
品嚐抹茶。

京都四季飯店積翠亭

東寺

東福寺

東寺
提供便利堂

東福寺

在茶筒老店「開化堂」
購買可珍藏一輩子的伴
手禮
▶ P.162

22

主題式行程規畫

能量景點巡禮

1日行程

鞍馬～貴船～大原

鞍馬寺、貴船神社、三千院門跡
探訪郊外能量景點之旅

到郊外走走，吸取澄澈空氣與神聖力量！

9:00 電車60分鐘	京都車站	
10:00 步行90分鐘	鞍馬寺	▶P.69
11:30 步行30分鐘	木根道	
12:00 步行10分鐘	貴船神社	▶P.69
12:40 公車30分鐘	午餐	貴船川床 ▶P.11
14:00 步行10分鐘	三千院門跡	▶P.153
14:45 公車70分鐘	寶泉院	▶P.151
16:00	JR京都車站	

木根道

鞍馬站

求姻緣最靈的「貴船神社」的護身符相當受人歡迎。

貴船神社

寶泉院

三千院門跡

欣賞「寶泉院」額緣庭園的同時，喝杯抹茶休息一下。

京都瓦版
KYOTO TIMES
大人 絕景旅

從全新車站到圖書館，話題不斷的京都

梅小路京都西站正式開幕！

2019年春

JR京都車站～丹波口站之間，全新「梅小路京都西站」正式落成。車站所在地的梅小路區域，京都水族館、梅小路公園等景點而備受矚目。京都有京都鐵道博物館、園等景點而備受矚目。交通更加便捷後，人潮隨之增加，熱鬧程度將更勝以往。

在京都的時光更加有趣了

風格獨特的飯店持續增加

以京都車站周邊、河原町、烏丸為中心，各式飯店接連開幕。若想享受京都在地生活，包下日式傳統町家的「京之溫所 岡崎」是不錯的選擇。也可從充滿獨特風格的各

原町、烏丸為中心，河都車站周邊、河式旅館裡，挑選喜歡的住宿型態。美國Ace Hotel首度進駐亞洲，地點就選在已結束經營的複合商業設施「新風館」。新旅館接連不斷進駐京都，絕對是眾人矚目的焦點！

1 於2019年底開幕的「京都 Ace Hotel」。2 聳立在住宅區的「京之溫所 岡崎」。

京之溫所 岡崎
MAP P.50D-3
☎0120-307-056
（華歌爾客服中心／平日9:30分～17:00）
地 京都市左京区岡崎日圓勝寺町91-85 營 IN/16:00 OUT/10:00 交 出地下鐵東山車站後步行5分鐘 P 無

附設咖啡廳的圖書館

由高瀨川沿岸小學改建

2018年4月，利用已廢校的立誠小學校園所改建的圖書館正式開幕。設有圖書室與三個還書箱，能無拘無束地閱讀喜愛的書籍。圖書館內也附設咖啡廳，可伴隨咖啡香享受讀書樂趣。此外，飯店兼圖書館的複合性設施也將於2020年落成。

立誠圖書館
MAP P.72F-2 ☎075-585-5561
（一般社團法人 文町）
地 京都市中京区備前島町310-2 營 11:00～20:00 休 不定休 交 出阪急河原町車站後步行5分鐘 P 無

在京都人氣依舊不減

巧克力風潮

從日本國內人氣甜點店到海外知名品牌，各具特色的巧克力專賣店陸續開幕。品味獨特的巧克力，是目前人氣最旺的京都伴手禮。

1 蒲公英巧克力也蔚為話題！（→P.37）

有別以往的寺廟神社參拜行程

清晨參拜與收集御朱印

想到知名寺廟參拜，又不想人擠人的話，可以選擇一大早寺門剛開時前往。人少到包準讓你嚇一跳，能在此享受悠閒時光。若已經參拜過各知名寺廟神社，下次就來挑戰收集御朱印吧！

1 今宮神社的（→P.107）跨頁御朱印。2 高台寺（P.38）高台寺天滿宮的御朱印。

天龍寺（→P.116）參拜時間從8：30開始。

清水寺

祇園

前往周邊景點的交通方式
與時間規畫

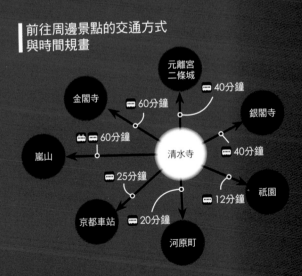

- 元離宮二條城 — 40分鐘
- 金閣寺 — 60分鐘
- 嵐山 — 60分鐘
- 銀閣寺 — 40分鐘
- 祇園 — 12分鐘
- 京都車站 — 25分鐘
- 河原町 — 20分鐘
- 清水寺

清水寺 ～祇園

京都觀光的起始點

不管你是第一次來或是來了好幾次，一定不能錯過這一區。清水寺、高台寺、八坂神社一年四季都有其獨特風情，可挑選不同季節來訪。若想深度探訪，可選擇六波羅區的魔界漫步（→P.48）。

祇園給人的印象也有別過往，近來開設了不少初訪遊客也能輕鬆探尋的咖啡館、餐館。還有許多風格時尚的傳統工藝店、雜貨店，隨意走進喜歡的小店逛逛，也別有一番樂趣。

不過，要小心荷包一個不注意就扁掉了！

在風情萬種的花街才能體驗到
【還有這樣的玩法喔！】

踏著別有一番滋味的石階悠閒漫步
位於歷史景觀保全修景地區內的花見小路，從四條通到祇園甲部歌舞練場，鋪設約260公尺的御影石石階。祇園新橋周邊也因鋪設了石階而顯得風情萬種。

在花見小路享受美味午餐＆咖啡
除了高級店家，花見小路其實也有許多咖啡館、甜點店。在茶屋改建的冰店吃剉冰、在數寄屋（茶室）建築內享用午餐等，都是京都才有的體驗。

在舞妓專用的老店盡情採購
祇園現在還可以看到擁有悠久歷史，讓藝妓、舞妓維持美貌的日常用品店。護髮用的山茶花油、髮簪、吸油面紙等實用小物，很適合買來當伴手禮。

葛清老舖（→P.47）的山茶花油

盡情享受京都街道氛圍！

若想在容易塞車的地方暢行無阻
【交通指南】

步行
清水寺～高台寺～八坂神一路上有產寧坂、石塀小路等，唯有走這些路才能感受其中樂趣的巷弄。

京都市公車
旺季時很容易塞車，要往八坂走的話，在四條河原町下車會比較保險。

人力車
人力車的魅力在於繞行知名觀光景點時，車夫會針對各個景點進行詳細解說。兩人同行，費用經濟實惠。

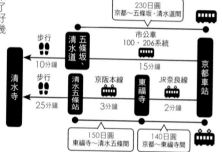

230日圓 京都～五條坂、清水道間	
市公車 100、206系統	京都車站
步行 10分鐘	15分鐘
五條坂、清水道	
清水寺	京阪本線 3分鐘 東福寺
步行 25分鐘	JR奈良線 2分鐘
清水五條站	
150日圓 東福寺～清水五條間	140日圓 京都～東福寺間

因為必看景點眾多……
【安排行程的訣竅！】

1 想去清水寺的話，就挑人少的清晨時分
無論何時都人山人海的清水寺，只要選擇剛開門的早上6～8點，就能避開人潮悠閒漫步。站在清水舞台上，遠眺沐浴在晨光裡的京都街道，景致相當壯觀。

2 上下坡道多，記得挑雙好走的鞋子！
產寧坂、二寧坂多半是坡道跟石階，穿高跟鞋、涼鞋的話，長時間走下來可能會吃不消。清水寺、高台寺這些寺廟都位在半山腰上，就當成是去爬山健行吧！

3 不想虛度美好的夜，就善用夜間點燈與公車！
很多寺廟神社傍晚就關門了，一天能去的地方其實有限。若有開放夜間參拜的話，也是不錯的機會。晚上觀光時，就多多利用祇園、河原町到京都車站的夜間公車吧！

沿著小河鋪設而成的石階慢行

2 祇園白川

延著知恩院門前的白川，沿岸町家櫛比鱗次，石板道連綿不絕。這裡供奉著相信只要精通技藝就能功成名就的藝妓、舞妓們所信仰的辰巳大明神，還有經常成為戲劇拍攝舞台的巽橋。春天的櫻花更是美不勝收。

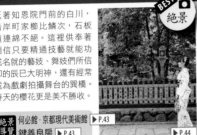

絕景

絕景導覽 何必館·京都現代美術館 ▶ P.43
鍵善良房 ▶ P.43

▶ P.44

人氣寺廟亦是美景寶庫

1 清水寺

清水寺有許多值得一看的景點。迎接參拜者、魄力十足的仁王門於十五世紀重建，又被稱為「赤門」。聳立在兩側則是頗具震撼的金剛力士像。往內走就會看到繪有總丹塗（紅漆）與極彩色紋樣，讓人印象深刻的西門與三重塔。

絕景

絕景導覽 地主神社 ▶ P.35

▶ P.32

！ 注意事項

在五條坂要小心來車
因擠滿前往清水寺的觀光客觀光客而顯得人聲鼎沸的五條坂。除了街道狹窄外，又有許多要前往坡上停車場的遊覽車在此交會，步行時一定要小心車輛。

春秋兩季最會塞車！
東大路通、五條通隨處可見自駕車輛、巴士，碰到尖峰期或許就整個塞住不動。開放夜間參拜時，可能傍晚就開始塞了。想前往的話，時間不要抓太緊。

餐廳一定客滿！
要做好排隊的心理準備
這裡是京都最熱鬧的區域。不管哪家餐廳，用餐時間一定客滿。中午或下午茶時間，要有排隊的心理準備。避開尖峰期，才不會浪費寶貴時間。

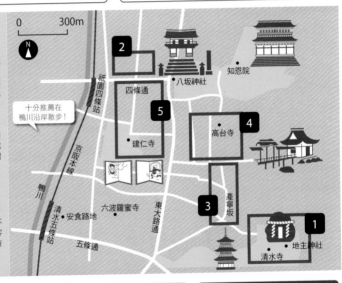

0　　300m

十分推薦在鴨川沿岸散步！

知恩院
八坂神社
四條通
祇園四條站
京阪本線
建仁寺
5
高台寺
4
產寧坂
3
鴨川
清水·安食路地
六波羅蜜寺
東大路通
清水五條站
五條通
地主神社
1
清水寺

傳統與現代並存

5 花見小路

日式茶屋、料亭林立，隨處可見藝妓舞妓的祇園中心區。近來出現許多由町家改建而成的咖啡館、原本是祇園甲部歌舞練場的美術館等。不僅保留了傳統，也守護了實質意義上的美觀。

▶ P.41

絕景

絕景導覽 八坂神社 ▶ P.40
圓山公園 ▶ P.40
建仁寺 ▶ P.42

400年不變的庭園

4 高台寺

池泉迴遊式的庭園為小堀遠州設計。以迴廊連接的靈屋與開山堂，中間有座臥龍池。位於開山堂與書院之間的則是偃月池。遠州的品味與天分深獲肯定，據說自高台寺創立以來，庭園就一直維持如此面貌。

▶ P.38

絕景

絕景導覽 石塀小路 ▶ P.38
無碍山房 Salon de Muge ▶ P.39

向石階許願

3 產寧坂

這條路連結了八坂神社與清水寺。產寧坂據說是為了向清水寺的子安觀音祈求能「平安順產」所走的上坡道。石階兩側滿是古老建築物，也有許多可供歇腳的咖啡館。

▶ P.36

絕景

絕景導覽 二寧坂、一念坂 ▶ P.37
八坂塔（法觀寺）▶ P.37

從必去的大寺院到憧憬的花街散步！
一大早就啟程的人氣觀光區

絕景導覽 清水寺～產寧坂、二寧坂～八坂塔～高台寺～祇園

半日**行程**
大眾交通工具

首次造訪京都時絕對不能錯過的區域。除了清水寺、高台寺等知名寺廟外，千萬也別錯過產寧坂、石塀小路等別有風味的街道。

START

8:00 一整天都熱鬧無比
市公車清水道

距離清水寺最近的公車站是「清水道」跟隔壁的「五條坂」。河原町發車的話，就在「清水道」下。京都車站發車的話，就在「五條坂」下。

👣 步行10分鐘

8:15 獨具風格的仁王門
清水寺

位於音羽山山腰，擁有廣大腹地。雖然因「清水舞台」而頗富盛名的本堂目前正在整修，但還是有許多必遊景點。

絕景導覽

清水寺的起源——「延命水」緩緩流下的音羽瀑布，喝了便可帶來智慧、長壽。

▶P.32

👣 步行5分鐘

9:15 漫步石板道
產寧坂、二寧坂

別具風味的石板道兩側，伴手禮、餐廳、咖啡館等店家櫛比鱗次。隨意地走走逛逛，更能增添旅行的樂趣。也會讓觀光客抹殺不少底片。

絕景導覽

▶P.36

👣 步行即可到達

9:30 京都必吃早點！
INODA COFFEE 清水店

「京都的早晨就從INODA開始」是當地人耳熟能詳的廣告台詞。份量十足的早點配上香氣濃郁的咖啡。坐在日式庭園的戶外座位區，享受奢侈的旅行時光。

▶P.36

👣 步行5分鐘

10:30 讓人悸動不已的東山代表建築物
八坂塔(法觀寺)

高達46公尺的八坂塔，是讓人確實感受到「這就是京都啊！」的代表性風景之一。
高塔所在的八坂通，以擁有人氣外帶咖啡館等話題店家而深受矚目。

絕景導覽

▶P.37

👣 步行5分鐘

11:00 擁有廣闊庭院的寧寧之寺
高台寺

北政所（寧寧）夫人為替豐臣秀吉祈求冥福所建。其中的池泉迴遊式庭園不容錯過。

絕景導覽

▶P.38

👣 步行即可到達

京都最具代表性的觀光景點，就是清水寺。不想人擠人的話，建議大家一大早去。也能悠閒地走在平日總是擠滿觀光客的產寧坂、二寧坂。一大早起床最讓人期待的就是早點。擁有高知名度的 INODA COFFEE 清水店有提供早點，有機會一定要品嚐看看。吃飽後還可以到這區域的象徵——八坂塔、擁有廣闊優美日式庭院的高台寺眾多知名景點逛逛。上午人比較少，想去哪就去哪。

中午時分，可沿著石板鋪成的石塀小路，逛逛別具特色的町家小店。享用完最適合拍照打卡的午餐後，就可前往八坂神社所在的花街和祇園。

多彩庭園與充滿魄力的巨龍

建仁寺

擁有枯山水的大雄苑、孕育美麗青苔的潮音庭等景致，是座擁有多樣面貌的庭園。

+1 小時

▶ P.42

繪製在法堂天花板的雙龍圖。寬達 108 塊榻榻米面積的水墨畫，十分震撼！

or

雄偉的三門值得一看

知恩院

經常會出現在電影裡的國寶三門，魄力不同凡響。每年 4 月都會在門上閣樓舉辦「午夜誦經會」。

▶ P.45

or

熱愛手工藝的人們都聚集在此

安食路地

許多年輕藝術者都住在這棟擁有超過百年歷史的町家長屋，除了打造獨特作品，週末也會開店營業。引人入勝的小巷氛圍，為其魅力所在。

▶ P.45

11:45 優雅氛圍為其魅力所在

石塀小路

絕景導覽

石板鋪成的小巷弄兩側，是一棟棟風情萬種的町家。旅館、餐廳入夜點燈後，更添優雅寧靜的氛圍。

▶ P.38

👣 步行即可抵達

12:00 享受自行搭配食材的樂趣

AWOMB 祇園八坂

超過 50 種的美麗食材，可自行搭配的「手作壽司」。除了色彩豐富的料理外，能眺望庭院景觀的町家空間也極具魅力。

▶ P.38

👣 步行5分鐘

13:30 守護花街的祇園之神

八坂神社

除四樓門外，「祇園造」（神社建築樣式）的本殿、有「美容水」的美御前社都不容錯過。做為七月祇園祭舞台的八坂神社，也有超高知名度。

▶ P.40

👣 步行即可抵達

GOAL 市公車祇園

1 絕景導覽

清水寺

清水寺

MAP P.26F-3 ☎075-551-1234

創建於 780 年，位於音羽山山腰，佔地 13 萬平方公尺的廣闊庭院。本堂被列為國寶，鐘樓、西門、奧之院則為重要文化財。

地京都市東山区清水 1-294 營6:00～18:00（依季節有所調整）費400 日圓 休全年無休 交市公車清水道／五條坂下車後步行 10 分鐘 P無

最佳季節 楓葉（11月下旬～12月上旬）

站在「京都舞台」上，將京都街景盡收眼底

▌想更了解本堂！

正在進行修復的本堂。
在此介紹能增添參拜樂趣的小細節！

裡面有什麼？
本堂內奉安著守護本尊十一面千手觀音像的二十八部眾像、風神、雷神像等神明。

※預計為2020年春夏完成整修
（參拜照常）。

整修前

整修中

何時落成？
根據規模有所不同，但據傳為平安末期。現在看到的舞台則是江戶時代重建的。

有人跳下來過嗎？
傳說從舞台跳下卻毫髮無傷的話，就能美夢成真。江戶時代留有「跳落」的記錄。

為什麼叫「舞台」？
這裡原本是演奏獻給安奉於本堂本尊的樂曲、舞蹈「舞台」。

厲害之處在哪裡？
沿著懸崖峭壁而建，採取懸造式結構。以最長有 12 公尺的欅木樑柱組成，未使用一根釘子。

子安塔為高達
15公尺的
重要文化財。

1 冬天冷冽刺骨的景致也頗為壯觀。覆上靄靄白雪的子安塔美豔動人。 2 夜間特別參拜的點燈儀式，每年春、夏、秋季都會各舉辦一次。 3 三道清水緩緩流下的音羽瀑布。 4 位於地主神社境內的「戀愛占卜石」。傳說只要閉著眼睛從一頭走向另一頭，就能找到好姻緣。

機會難得就多求點好運回家吧！
花1個小時逛遍京都NO.1觀光景點
──清水寺的黃金行程

除了本堂之外，還有許多觀光景點！

位於音羽山腰，擁有約30棟堂塔·伽藍的雄偉寺院。首先從仁王門進入後，先在據說能實現眾生心願的隨求堂繞一圈。接著到被視為清水寺象徵的三重塔·經堂參拜後，再前往本堂。最後別忘了到清水寺的起源──音羽瀑布汲取「延命水」後再回家。

首振地藏

據說是頭能旋轉360度的地藏菩薩。可祈求財運、姻緣，獲得心靈的平靜後，再到其它地方晃晃。

三重塔

內部天花板、梁柱上所繪製的密教佛畫、飛天、龍等的色彩都相當斑斕鮮豔。

仁王門

寬約10公尺，高約14公尺。2003年解體後重新整修，但仍維持創造當時的風格。

隨求堂

能在昏暗堂中體驗參拜時僅能依靠佛珠前進的「胎內參拜」（在大佛胎內參拜）。

馬駐
前來參拜的貴族、武士都會在此下馬。把馬栓好後步行參拜。20多個馬庄中，有兩個方向不同。

景清爪形觀音
在石燈籠火孔深處，供奉據說是平景清在獄中用指甲刻成的觀音像。

石佛群
供奉地藏王菩薩等石佛。

辨慶的爪痕
橫條狀傷痕是來參拜幾百、幾千次時留下的擦痕。是許多人摸黑前來參拜的證據。

佛足石
據說只要摸一摸就能治療腰部的毛病。
※ 整修中無法參拜。

梟之手水鉢
位於轟門旁的手水鉢。牆面刻有梟。據說這裡的水可治療頭痛、牙痛。

園通殿
多寶閣
成就院庭園
成就院
大講堂
真性院
善光寺堂
首振菩薩
入口
起點
仁王門
鐘樓
中興堂
隨求堂
西門
經堂
三重塔
朝倉堂
濕手觀音
辨慶的錫杖
地主神社
本堂
出世大黑
參拜入口
出口
終點
釋迦堂
阿彌陀佛
奧之院
音羽瀑布

N
200m

也售有能當伴手禮的「音羽靈水」。

舞台高約13公尺。最大的看點是不使用一根釘子的日本傳統建築技法。

舌切茶屋

音羽瀑布

據說能祈求學業、姻緣與長壽。

本堂

地主神社

供奉姻緣之神而擁有高知名度。社殿天花板上的「八方町視之籠」更不容錯過。

古人也曾走過
通往清水寺的參拜道

2 產寧坂

絶景導覽　清水寺周邊

MAP P.26E-3

連結八阪神社與清水寺的坡道
之一，別名三年坂。長約 100
公尺的石板道兩側，林立著風
格獨特的伴手禮店、餐廳。

地京都市東山区清水 費休自
由參觀 交市公車清水道／五條
坂下車後，步行 5 分鐘 P無

最佳季節 櫻花（4月上旬）

散策導覽

🍴 總本家湯豆腐 奧丹清水

MAP P.26E-2 ☎075-525-2051

創業至今約有 380
年。菜色包括使用
師傅每天手工製作
的豆腐烹飪而成的
「昔豆腐通」套餐
（4320 日圓）等。

地京都市東山区清水 3-340 營11:00～
16:00（週末及節日至 17:00）休週四
交市公車清水道下車步行 7 分鐘 P無

☕ INODA COFFEE 清水店

MAP P.26E-3 ☎075-532-5700

擁有超高知名度。
遠眺日本庭園「青
龍苑」的日式空
間。最受歡迎的，
就是早點的京朝食
（1440 日圓）。

地京都市東山区清水 3-334 營9:00～
17:00 休全年無休 交市公車清水道下車
後步行 5 分鐘 P無

☕ 夢二咖啡 五龍閣

MAP P.26E-3 ☎075-541-7111

位於與產寧坂交叉的清水
坂上，擁有百年歷史、登
錄有形文化財改建而成的
大正風復古咖啡館。京熱
三明治（820 日圓）。

地京都市東山区清水寺門
前 清水 2-239 營11:00～
17:00 休不定期 交市公車五
條坂下車步行 10 分鐘 P無

清水寺・祇園〔絕景名勝導覽〕

遭逢數次祝融，
於1440年重建。

3 絕景導覽 清水寺周邊

二寧坂、一念坂

MAP P.26E-2・D-2

從產寧坂前延伸至高台寺的二寧坂。目前仍保留日本知名畫家竹久夢二在大正時住過兩年的寓所。二寧坂往北延伸的小巷弄就是一念坂。

地京都市東山區清水 營休自由參觀 交公車清水下車步行5分鐘 P無

最佳季節 一年四季

散策導覽

☕ 甘味屋

MAP P.26E-2 ☎075-561-9562

創業於1914年的本店，最有名的是以丹波大納言小豆製成的萩餅（650日圓）。

地京都市東山區桝屋町349 營11:00～最後點餐17:40 休週二（若遇國定假日照常營業）交市公車清水道下車步行7分鐘 P無

🍫 蒲公英巧克力 京都東山一念坂店

MAP P.26D-2 ☎075-531-5292

本店首創結合可可豆與咖啡的全新型態複合性飲品店。也有本店限定餐點。

地京都市東山區桝屋町363-6 營10:00～18:00（最後點餐為17:30）Cacao Bar 週五至日12:00～18:00（最後點餐17:00）休不定期 交市公車東山安井下車步行5分鐘 P無

---

4 絕景導覽 清水寺周邊

八坂塔（法觀寺）

MAP P.26D-2 ☎075-551-2417

位於從東大路通往清水寺方向延伸的坡道上，是東山最具象徵性的景致。高達46公尺的五重塔，據說是飛鳥時代的聖德太子親手打造。

地京都市東山區八坂上町388 營10:00～15:00 費400日圓（小學生以下不可入內參觀）休不定期 交市公車清水寺下車步行3分鐘 P無

最佳季節 一年四季

看都看不膩，京都最具代表性的風景

散策導覽

🐵 八坂庚申堂

MAP P.26D-2 ☎075-541-2565

堂內掛滿「束猿」，透過手腳被綁起來的猿猴，傳達只要克制慾望，就能實現願望的涵義。

地京都市東山區金園町390 營9:00～17:00 費免費參觀 休全年無休 交市公車清水道步行5分鐘 P無

☕ ％ARABICA京都東山

MAP P.26D-2 ☎075-746-3669

世界知名的義式咖啡機，加上世界冠軍的拿鐵拉花，值得一嚐。咖啡拿鐵（450日圓起）。

地京都市東山區星野町87-5 營8:00～18:00 休不定期 交市公車清水道下車步行3分鐘 P無

借景東山設計而成的
池泉迴遊式庭園，
為小堀遠州的代表作。

5 高台寺
絕景導覽

MAP P.26E-2 ☎075-561-9966

1606 年，豐臣秀吉之妻北政所（寧寧）為替秀吉祈求冥福所建造的臨濟宗建仁寺派廟宇。繪製在兩人靈屋內的「高台寺蒔繪」相當壯觀。

地京都市東山区高台寺下河原町 526 營 9:00～閉館 17:00（春、夏、秋的夜間參拜～閉館 21:00）費 600 日圓 休市公車東山安井下車後步行 7 分鐘 P 100 台

最佳季節	一年四季

絕景導覽
清水寺周邊

6 石塀小路

MAP P.26D-2

穿過狹窄入口後，映入眼簾的是石階小路。明治末期至大正初期的茶屋建築櫛比鱗次，現在多改建為旅館、日式料亭。

地京都市東山区下河原町 營休自由參觀 交市公車東山安井下車後步行 3 分鐘 P 100 台

最佳季節	一年四季

散策導覽

✖ AWOMB祇園八坂
MAP P.26D-2 ☎075-204-3564

可運用超過 50 種食材自行搭配的「手作壽司」（2970日圓），趣味十足。

▶ P.80

地京都市東山区下河原町 463-8 營11:30～15:00（最後點餐 14:00）、18:00～20:30（最後點餐 19:30）休不定休 交市公車東山安井下車後步行 1 分鐘 P無

除了庭園景致還有更多！
來到高台寺，
也別錯過這些景點！

最能代表桃山時代的建築美學、庭園等，隨處可見美麗景致的高台寺。塔頭、寺廟境內外景點都不容錯過！

SLOW JET COFFEE 高台寺

MAP P.26D-2 ☎075-533-7480

提供自家烘焙咖啡的咖啡館。設有能遠眺八坂塔的高台，京都塔也能盡收眼底。餐點包括加入玉露抹茶的奶油蛋糕（600 日圓）等。

地京都市東山區高台寺下河原町 526 高台寺境內 時9:00 ～最後點餐 17:00 ※依季節有所調整 休全年無休 交市公車東山安井下車後步行 5 分鐘 P可使用高台寺付費停車場

圓德院

高台寺的塔頭寺院，寧寧的晚年有 19 年是在此度過的。北庭布滿了大量巨石，是罕見的枯山水庭院。同樣由小堀遠州所設計。

夜間點燈

以京都首座舉辦夜間點燈廟宇而聞名的高台寺，光明與黑暗的對比，打造出境內的幽玄景色。

輕鬆享受日式料亭的
精華所在

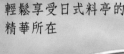

1 位於本店隔壁，於 2017 年開幕。午間供應時雨便當。2 摩登時尚的數寄屋（茶室）建築。可坐在窗邊欣賞滿是青苔的庭院。

絕景導覽

7 無碍山房 Salon de Muge

祇園

MAP P.26E-2 ☎075-561-0015（預約專線）
☎075-744-6260（服務專線）

日式料亭「菊乃井」別館的喫茶沙龍。無碍山房現作山葵麻糬 1300 日圓，一上桌就要趁熱品嘗。

地京都市東山區下河原通高台寺北門前鷲尾町 524 營時雨便當供應時段分為 11:00 ～ 12:30、13:00 ～ 14:30 兩時段。喫茶、日式甜點 14:45 ～最後點餐 17:00 休不定期 交市公車東山安井下車後步行 10 分鐘 P無

最佳季節 ── 一年四季

正式名稱為一重白彼岸枝垂櫻，居然高達12公尺！

8 圓山公園

絶景導覽　　　祇園

MAP P.26E-1 ☎075-561-1350

開設於 1886 年，是京都歷史最悠久的公園。位於八坂神社東側，面積約為 86,600 平方公尺，隨處可見庭園、料亭。是京都知名的賞櫻勝地。

地京都市東山区日圓山町 時休自由參觀 交市公車祇園下車後步行1分鐘 P 134 台

最佳季節 櫻花（3月下旬～4月上旬）

info 春季點燈必看！

配合櫻花盛開時期，每年3月中旬～4月上旬都會舉辦點燈。周邊也會升起營火，營造如夢似幻的氛圍，日式小吃也會前來擺攤。

八坂神社的必看景點

日本最大的神社神殿，境內建築物全都值得一看。甚至還供奉美人之神！

9 八坂神社

絶景導覽　　　祇園

MAP P.26D-1 ☎075-561-6155

深受當地居民喜愛，是京都最具特色的建築地標。據傳為 656 年時建造，供奉的主神為素戔嗚尊，是專為人消災解厄與祈求生意興隆的神社。

地京都市東山区祇園町北側 625 營費休自由參觀 交市公車祇園下車後步行1分鐘 P 無

最佳季節 一年四季

本殿

於 1654 年重建。採用的是名為「祇園造」的神社建築樣式。利用平成大修造營時，一併進行整修。

美御前社

供奉以美女著稱的宗像三女神之神社。社殿前有能讓人身心常保美麗的「美容水」自然湧出。

40

絕景導覽 祇園

10 花見小路
MAP P.27C-2

北始於三條通，南至建仁寺前，貫穿祇園中心。隨處可見傳統日式建築，傍晚時也可看見藝舞妓穿梭其中。

地京都市東山区祇園町南側 營休自由參觀 交市公車祇園下車後步行3分鐘 P無

最佳季節 ——一年四季

【 祇園周邊 】

散策導覽

🍴 祇園 NITI
MAP P.27C-1 ☎075-525-7128

改建自茶屋。來到這裡，一定要吃搭配自行製作的沾醬、鹽巴一起品嚐的生米果（1300日圓）。

地京都市東山区祇園町南側570-8 營11:00～17:30·19:00～凌晨2:00 休週三 交京阪祇園四條站出站後步行8分鐘 P無

🍴 甘味處 祇園樂樂
MAP P.27C-1 ☎075-532-0188

專為大人設計的日式甜品店。點綴繽紛果凍的「如糖果般甜蜜的剉冰」（1000日圓）是招牌。

地京都市東山区祇園町南側570-122 ぎおん楽々2F 營13:00～最後點餐18:00 休週三 交市公車祇園下車後步行3分鐘 P無

漫步其中就能讓人內心
小鹿亂撞……
祇園的主要街道

41

1

info　宗達傑作「風神雷神圖屏風」

大書院展有俵屋宗達創作的二曲一雙「風神雷神圖屏風」複製品。屏風上描繪了會帶來風雨的風神與引起閃電打雷的雷神。

1 染色畫家於 2014 年描繪的小書院襖繪「舟出」。**2** 建仁寺境內擁有多座風格獨特的庭院。照片為長滿美麗青苔的潮音庭。**3** 為紀念建仁寺創立 800 週年，2002 年於法堂天花板繪製的雙龍圖。

11

絕景導覽

祇園

建仁寺

MAP P.27C-2 ☎075-561-6363

臨濟宗建仁寺派的大本山，於 1202 年創立。開山祖師為榮西禪師，並由源賴家開基。境內建造了眾多塔頭並擁有許多文化財。

最佳季節	一年四季

地京都市東山区大和大路通四条下ル小松町 584 營 10:00 ～ 17:00（11 ～ 2 月為 10:00 ～ 16:30）休全年無休（舉辦本山儀式時，可能無法參拜）費參拜費 500 日圓 交市公車東山安井下車之後步行 5 分鐘 P 40 台（須付費，參拜者可免費停車一小時）

3 2

42

12 絕景導覽　　祇園

何必館京都現代美術館

MAP P.27C-1 ☎075-525-1311

讓人忘了城市喧囂的寧靜和風空間。秉持不受拘束的自由精神，館內展示了包括北大路魯山人等各式不同範疇的藝術作品。

地京都市東山区祇園町北側 271 營 10:00 ～ 18:00（入館至 17:30）費成人 1000 日圓／學生 800 日圓 休週一 交市公車祇園下車後步行 2 分鐘 P 無

最佳季節　　初夏

---

info 知名老店新突破！
　　講究的咖啡不容錯過

「鍵善良房」開在本店周邊的咖啡館。特製葛餅搭配飲料1500日圓。

ZEN CAFÉ ☎075-533-8686

地京都市東山区祇園町南側 570-210 營 11:00 ～最後點餐 17:30 休週一（若遇國定假日照常營業，改至隔日休）交京阪祇園四條站出站後步行 3 分鐘 P 無

13 絕景導覽　　祇園

鍵善良房

MAP P.27C-1 ☎075-561-1818

創立於享保年間（1716 ～ 1736 年）的和菓子店。百分百使用最高級吉野本葛粉製成的葛餅（1080 日圓），口感滑嫩 Q 彈。

地京都市東山区祇園町北側 264 營 9:30 ～ 18:00（最後點餐 17:45）休週一 交京阪祇園四條站出站後步行 3 分鐘 P 無

最佳季節　　一年四季

14 祇園白川

絕景導覽

MAP P.27C-1

流經祇園的白川沿岸，是一條完整保存戰前建築景致的寶貴街道，被指定為「傳統的建造物群保存地區」。辰巳大明神與巽橋更增添了風情。

地 京都市東山区新橋通花見小路西入ル元吉町 **營** 休自由參觀 **交** 京阪祇園四條站出站後步行 10 分鐘 **P** 無

最佳季節 櫻花（3月下旬～4月上旬）

春天時，
河岸兩旁的染井吉野櫻
絢麗綻放

散策導覽

🏠 PASS THE BATON KYOTO GION

MAP P.27B-1 ☎ 075-708-3668

為結合了京都傳統工藝而蔚為話題的現代二手商品店。

地 京都市東山区末吉町 77-6 **時** 11:00 ～ 20:00（週日、國定假日至 19:00）**休** 不定期 **交** 京阪祇園四條站出站後步行 4 分鐘 **P** 無

☕ 茶與清酒屋TASUKI

MAP P.27B-1 ☎ 075-531-2700

PASS THE BATON KYOTO GION 一樓的時尚空間，可欣賞到白川景色。抹茶蜜煉乳冰 1188 日圓。

營 11:00 ～最後點餐 19:00（週日、國定假日最後點餐 18:30）

絕景導覽

15 知恩院

祇園

MAP P.26E-1
☎075-531-2111

1175 年，於淨土宗宗祖法然度過後半生之地所創立。院內的日本國寶御影堂（整修至 2020 年）、三門、方丈等皆頗富盛名。

地京都市東山区林下町 400 費自由參觀 費友禪苑 300 日圓、方丈庭園 400 日圓 休全年無休 交市公車知恩院前下車後步行 5 分鐘 P無

info 三門閣樓的「午夜誦經會」

配合法然上人的忌日法會「御忌大會」，於每年4月18日舉辦。晚上8點至隔天早上7點，於國寶三門閣樓徹夜誦經。無須預約，隨時都能參加。

絕景導覽

17 將軍塚青龍殿

祇園

MAP P.26F-2 ☎075-771-0390

在京都風景一覽無遺的高台上，存著一座桓武天皇於平安遷都時所建造的將軍塚。位於青蓮院飛地境內。

■京都市山科区厨子奥花鳥町 28 費9:00 ～ 17:00（最後入場 16:30）費參拜費 500 日圓 休全年無休 交地下鐵蹴上站出站後，車程 5 分鐘 P20 台

絕景導覽

清水寺周邊

16 京都靈山護國神社

MAP P.26E-2 ☎075-561-7124

為供奉於幕末大放異彩的維新志士，設立於 1868 年。神社境內可見坂本龍馬、桂小五郎等人的墓碑。

地京都市東山区清閑寺靈山町 1 費8:00 ～ 17:00（入山登記 9:00 ～）費靈山墳墓參拜費 300 日圓 休全年無休 交市公車東山安井前下車後步行 10 分鐘 P無

絕景導覽

19 安食路地

祇園

MAP P.27B-3

由擁有百年歷史的町家長屋改建而成，提供年輕創作者做為住所兼工作坊。週末則會舉辦市集販售其作品。

地京都市東山区大黑町通松原下ル 2 丁目山城町 284 費休依店鋪有所不同 交京阪清水五條站出站後步行 5 分鐘 P無

絕景導覽

18 宮川町

祇園

MAP P.27B-2

京都最具代表性的花街，位於鴨川東側四條通～五條通之間。四月時宮川町歌舞練場會舉辦「京踊」。

地京都市東山区宮川筋 交京阪祇園四條站出站後步行 5 分鐘 P無

YAYOI本店
MAP P.26D-2 ☎075-561-8413

山椒小魚的專賣店。附設咖啡館則提供山椒小魚茶泡飯套餐（1390日圓）、山椒蛋糕等輕食。

地京都市東山区祇園下河原清井町481 營10:00～17:30（咖啡館不定期週三休（最後點餐15:00）交市公車祇園下車後步行2分鐘 P無

祇園豆寅
MAP P.27C-2 ☎075-532-3955

維持傳統同時，也打造出獨創日式口味。「豆壽司」是連櫻桃小嘴的舞妓也能盡情享用的一口尺寸。

地京都市東山区祇園町南側570-235 營11:30～14:00、17:00～21:00 休週四 交京阪祇園四條站出站後步行5分鐘 P無

切通進進堂
MAP P.27C-1
☎075-561-3029

舞妓最愛的喫茶老店。中間夾有香腸、小黃瓜的上等香腸烤吐司（350日圓）是本店獨創菜單。

地京都市東山区祇園町北側254 營10:00～18:00（喫茶最後點餐為16:00）休週一（喫茶4月中休息）交京阪祇園四條站出站後步行3分鐘 P無

茶菓園山
MAP P.26E-1
☎075-551-3707

位於圓山公園內的甜品店。就用汲取八坂神社境內的神水泡製而成的煎茶、福蜜豆（1200日圓），來度過奢侈的休閒時光吧。

地京都市東山区日圓山町620-1-2圓山公園內 營11:00～19:00 休週二 交市公車祇園下車後步行8分鐘 P無

IDUJUU
MAP P.26D-1
☎075-561-0019

鯖魚壽司名店。上箱壽司（1836日圓）是將小鯛、蝦子、鳥蛤、厚蛋卷等食材排列成古松模樣。

地京都市東山区祇園町北側292-1 營10:30～19:00 休週三（若遇國定假日照常營業，改至隔日休）交市公車祇園下車後步行1分鐘 P無

HISAGO
MAP P.26D-2
☎075-561-2109

1930年創業至今的美味親子丼（1010日圓）。鬆軟綿滑的雞蛋、甜味高湯與大塊雞肉，讓人食指大動。

地京都市東山区下河原通八坂鳥居前下ル下河原町484 營11:30～19:15 休週一（若遇國定假日照常營業，改至隔日休）交市公車東山安井下車後步行3分鐘 P無

金竹堂
MAP P.27C-1
☎075-561-7868

江戶時代末期創業的花簪、髮飾專賣店。店內也售有玳瑁、蒔繪等，適合一般客人佩帶的髮簪。

地京都市東山区祇園町北側263 營10:00～20:00 休週四 交京阪祇園四條站出站後步行3分鐘 P無

裏具
MAP P.27B-2
☎075-551-1357

店名取自日文的「嬉（う）らぐ（歡喜興奮之意）」之音。售有能將喜悅心情傳達給重要的人們的一筆箋、信封等原創文具商品。

地京都市東山区宮川筋4-297 營12:00～18:00 休週一（若遇國定假日照常營業，改至隔日休）交京阪祇園四條站出站後步行5分鐘 P無

七味家本舖
MAP P.26E-3
☎075-551-0738

創業360年的老店。招牌商品為抑制辣味、重視香氣的獨傳七味辣椒粉。七味大袋（25g）540日圓。

地京都市東山区清水2-221清水寺参道 營9:00～18:00（依季節有所調整）休全年無休 交市公車清水道下車後步行10分鐘 P無

梅園 清水店
MAP P.26E-3
☎075-531-8538

除了最有名的烤糯米糰子（430日圓）外，還提供蕨餅、紅豆蜜等各式餐點。2樓為榻榻米座位，營造出有別於本店的氛圍。

地京都市東山区清水3-339-1 營11:00～18:00 休全年無休 交市公車清水道下車後步行7分鐘 P無

山茶花油、黃楊木梳

祇園舞妓愛用，老店梳妝道具

原創縐紗木梳組
1944日圓
大小非常適合收納「薩摩黃楊木梳」的小袋。有紅、深粉紅、草莓粉三種顏色。

薩摩黃楊木梳（5吋）
15,660日圓
專為長髮設計，大尺寸更好梳理。使用的是鹿兒島產的最高級黃楊木材。

特製山茶花油
（經典瓶）
2052日圓
嚴選五島產山茶花果實，在自家工廠精心製成品質優良。頭髮、肌膚皆可使用。

丹後縐紗京染 萬壽菊髮夾2根組
5184日圓
將最上等的絹織品——丹後縐紗染色後，再由專家精心製作而成的商品。

縐紗梅花小髮夾3根組
4104日圓
秀麗淡雅的髮夾，除了搭配浴衣、和服外，也很適合穿著洋裝時戴著。

黃楊木樹 原創本漆赤繪本蒔繪 大朵山茶花 縐紗布袋小判
各4752日圓
不易產生靜電感，不會傷害優良髮質、肌膚的黃楊木梳。用得越久，頭髮的光澤益發亮麗。

創業150年來，專售與呵護女性秀髮的有關商品。因位處祇園而深受藝妓、舞妓的信賴。

黃楊木梳、髮飾、山茶花油都是熱銷商品，長年以來都以維持美貌的道具之名，深受女性的愛戴。

因為愛上擁有豐富自然生態的長崎、五島列島孕育出的良質山茶花果實，不辭艱辛地建立了自家農場與榨油廠。利用自行研發的獨創技法所榨出的高純度無農藥山茶花油，除了頭髮、頭皮外，更是能塗抹在臉部、手腳的萬能護膚油。清爽不油膩又好吸收，擦了之後能讓人從內而外散發光芒，因此大獲好評。

妝點髮型的商品種類更是豐富，從讓舞妓的髮型更顯嬌媚的華麗髮飾，到一般人都能穿戴的小巧可愛髮飾，物件十分多元。看到店內陳設的商品，必能激發每個人的少女心。黃楊木梳輕便好攜帶。有了這把木梳，能讓妳的秀髮散發光澤不打結。就在祇園名店，打造「烏黑秀髮」的第一步吧！

想買就到專賣店！

祇園

葛清老舖

MAP P.27C-1 ☎075-561-0672

京都市東山区祇園町北側285　10:00～19:00　休週三　交京阪祇園四條站出站後步行6分鐘　P無

支店情報　六角店　MAP P.72E-2

歷史

×六波羅

story & history

讓人更了解旅行意義的「絕景物語」

探訪流傳至今的
六波羅傳說

留下不少冥界、靈異傳說的六波羅。探訪其神祕歷史的過程中，搞不好一個不小心就闖入異世界喔！

六原？骷髏原？
六波羅的祕密

很久很久以前，這周邊曾是名為鳥邊野的墓地。隨處可見骷髏滾落，故被稱為「骷髏原」。隨著時間的演變就轉化為發音相似的「六原」、「六波羅」。為供養這些鬼魂所建造的就是六波羅蜜寺。

六波羅蜜寺

MAP P.27C-3 ☎075-561-6980

[地]京都市東山區五条通大和大路上儿東 [営]8:00～17:00 [費]600日圓 [休]全年無休 [交]市公車清水道下車後步行7分鐘 [P]無

位於過去平家一門的宅邸所在地。

迎接祖先的儀式
「六道祭」

座落在陰陽兩界的「六道辻」上的六道珍皇寺。就佛教的定義來看，六道指的是地獄道、餓鬼道、畜生道、修羅道、人道、天道。此處為六道分歧點，換句話說就是「通往冥界的入口」。

六道珍皇寺為了迎接從陰間回來的精靈，每年8月7日～10日都會舉辦「六道祭」的儀式。敲響迎接的鐘聲，用高野槙的葉子將水灑在水塔婆上，進行「水回向」的超渡儀式。這是因為日本人相信精靈會乘著高野槙的葉子回到人世。這段期間也會公開展示重要文化財的藥師如來、鎮寺之寶的地獄圖，讓寺內因觀光客變得非常熱鬧。

地獄圖「熊野觀心十界圖」（江戶初期）。

解開能往來陰陽兩界
的小野篁之祕密

據傳寺內有座「能穿梭陰陽兩界」的水井。於是留下了平安初期的官僚小野篁（802～852年）因擁有神通之力，故每晚都前往冥界的驚人傳說。

文人兼歌人的小野篁，白天在朝廷做事，晚上則穿過水井前往冥界，擔任閻羅王的官員。有前往陰間的「通往冥界之井」與回到人世

境內的閻魔堂裡，也有小野篁坐鎮。

間的「黃泉歸來之井」。

六道珍皇寺

MAP P.27C-2 ☎075-561-4129

[地]京都市東山區大和大路通四条下儿 4-595 [営]9:00～16:00 [費]寺內自由參觀（堂內600日圓 ※須預約）[休]全年無休 [交]市公車清水道下車後步行5分鐘 [P]3台

連幽靈都來買！
傳說中的育兒糖

在此經營了450年的糖果屋，流傳著一個靈異傳說。據今約400年前，有個半夜都會來買糖的女子。但因為收到的錢都變成莽草葉，感到好奇的老闆於是尾隨這位神祕女子，最後發現女子消失在鳥邊山的某座墓地。老闆挖開墓地一看，發現有個小嬰兒。女子買糖就是為了代替母乳。

這款「幽靈育兒糖」即是依據此傳說而出現的，使用麥芽糖與砂糖的樸實口感，是堅持了400年的好滋味。

MINATOYA幽靈子育糖本舖

MAP P.27C-2 ☎075-561-0321

[地]京都市東山區松原通東大路通西入儿 [営]10:00～16:00 [休]全年無休 [交]市公車清水道下車後步行5分鐘 [P]無

當時是麥芽糖狀，現在改為固體糖果。170公克500日圓。

銀閣寺
南禪寺

**前往周邊景點的交通方式
與時間規畫**

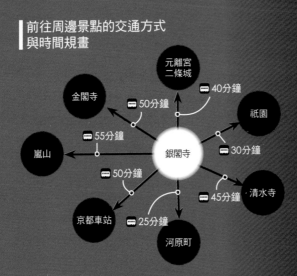

元離宮
二條城

金閣寺

🚌 40分鐘

🚌 50分鐘

祇園

🚌 55分鐘

銀閣寺

嵐山

🚌 30分鐘

🚌 50分鐘

清水寺

🚌 45分鐘

京都車站

🚌 25分鐘

河原町

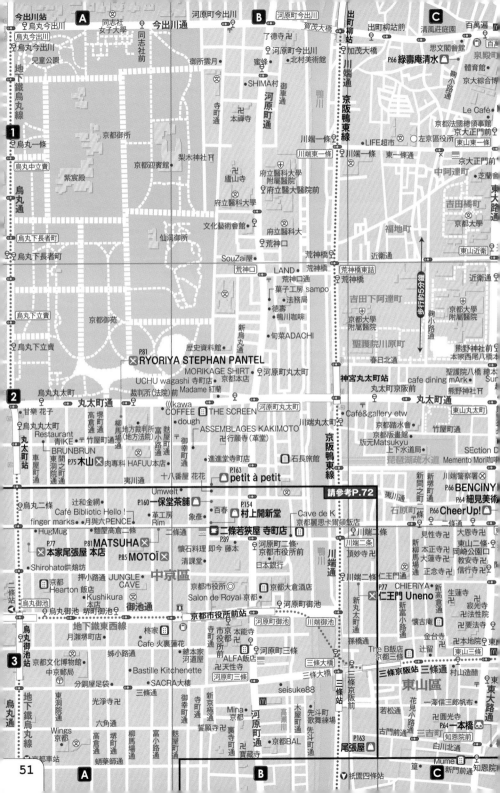

銀閣寺～南禪寺

優美景致來自產業遺產

這個區域包括了擁有佔地約3萬平方公尺神苑的平安神宮、擁有借景粟田山庭園的美麗青蓮院門跡等，與自然融為一體，規模相當壯闊的寺廟神社。不僅如此，也有許多與造就京都現代化息息相關的景觀，如無鄰菴庭園、南禪寺的水路閣等。

另一方面，擁有眾多藝術、文化設施的岡崎周邊，更是充滿學術氣息。這裡實在是一個將自然環境與人為的產業、藝術文化融為一體，漫步其中便能體會其奧妙的區域。

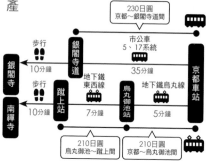

雖然必去景點也不錯

【還有這樣的玩法喔！】

在京都Modern Terrace吃早點

在位於日本最具代表性的現代主義建築二樓的咖啡館，品嘗西之京味噌烤魚、當季水果三明治、土雞蛋拌飯等，結合日本與西洋特色的早點。

到散發獨特魅力的庭園走走逛逛

推薦大家可到利用疏水道設計的庭園走走。東山的無鄰菴、京都市立美術館庭園、平安神宮神苑等，都是由擁有「植治」屋號的七代目小川治兵衛一手打造。

在青蓮院門跡喝抹茶

來到寺裡，不妨喝杯抹茶吧！一邊欣賞相阿彌親手打造的庭園，一邊品嘗以印有皇室家紋懷紙包裝的甜點，稍微放鬆一下！

搭乘叡電展開絕景之旅

往來於出町柳站與鞍馬、比叡山的叡電。路途中，會看到窗外綠意漸濃，氣溫也瞬間下降。

若想在容易塞車的區域來去自如

【交通指南】

步行

對自己的腳力有信心的話，可從八坂神社走到知恩院、南禪寺、銀閣寺。不過，得留意參拜時間。

京都市公車

前往銀閣寺前、南禪寺的公車，總是人潮滿滿。選擇會經過東山通的公車，班次較多。在最近的站牌步行前往，是最保險的做法。

市營地下鐵

從地下鐵蹴上站到南禪寺或是從東山站到岡崎後，再沿著哲學之道往北走。

因為必看景點眾多……

【安排行程的訣竅！】

1 移動時就走哲學之道

沿著琵琶湖疏水道分道的哲學之道，只要依銀閣寺、法然院、永觀堂的順序參拜，往南走著走著就能抵達南禪寺，是一條非常方便的散步小徑。小徑兩旁還有許多咖啡館、雜貨小物店。

2 境內自由參觀的南禪寺，可於一大早前往

南禪寺內除三門樓上、南禪院、方丈庭園外，都能自由參觀。趁一大早前往，就能充分享受寺內的寂靜氛圍。紅磚搭蓋而成的拱橋「水路閣」，在湧入大量人潮前，更是最佳拍照景點。

3 賞櫻季節就到免費參觀的知名景點逛逛吧

雖然東山有許多知名賞櫻廟宇，但能免費參觀的私房景點也不少。如南禪寺、哲學之道、岡崎疏水周邊等處。蹴上的傾斜鐵道沿線的粉色櫻花隧道尤其壯觀。

交通圖：

230日圓　京都～銀閣寺道間

市公車 5、17系統

步行10分鐘　銀閣寺道　35分鐘　京都車站

銀閣寺　地下鐵東西線

步行10分鐘　蹴上站　地下鐵烏丸線

南禪寺　7分鐘　烏丸御池站　5分鐘

210日圓　烏丸御池～蹴上間　210日圓　京都～烏丸御池間

氣宇軒昂的朱紅社殿

2 平安神宮

仿照平安京正廳（朝堂院）的朱塗（紅漆）社殿為其特徵。佔地約3萬平方公尺的迴遊式庭園、神苑圍繞著本殿，在此欣賞紅垂櫻、花菖蒲等四季頗具特色的花草，更是一大享受。

絕景 BEST

絕景導覽
京都Modern Terrace	▶P.63
細見美術館	▶P.64
京都國立近代美術館	▶P.65

▶P.63

日本之美盡收其中

1 銀閣寺

讓人體會到「侘寂」之美的銀閣寺，可說是日本最引以為傲的「枯淡之美」象徵。
從銀閣寺走出來沒幾步，就是哲學之道北端。因此，很多人都以銀閣寺為起點，展開此區的觀光行程。

BEST 絕景

▶P.59

! 注意事項

大馬路容易塞車

行駛於此區的市公車路線繁多，春秋兩季容易塞車。不過，京阪、地下鐵也很方便，搭配電車更能暢行無阻。

**岡崎公園
也有不少活動**

以平安神宮為中心的岡崎公園，平常是適合放鬆的休憩場所。但一有活動的話，就會出現人山人海的盛況。在此舉辦的有趣活動不少，一定要先行確認。

**無須拘泥於公車，
也可善用計程車**

白川通、東大路通的交通量大，還蠻容易招到計程車的。要是人多的話，搭乘計程車可以省下不少時間跟金錢。

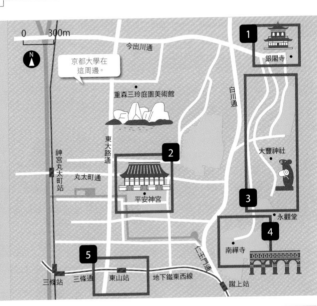

京都大學在這周邊。

歷史與藝術的融合

5 青蓮院門跡

供奉光之化身的熾盛光如來，與皇室淵源頗深的青蓮院。春秋兩季的夜間點燈，讓院內、庭園瀰漫著一股藍色奇幻氛圍。華頂殿裡由現代藝術家所描繪的蓮花襖繪，展現了時尚風格。

▶P.60

BEST 絕景

絕景導覽 一本橋 ▶P.64

京都首屈一指的格式

4 南禪寺

寺內擁有許多絕景景點，能欣賞到如大方丈的枯山水庭園、水路閣拱橋等各個時代所留下的美學遺產。站在高達22公尺的三門樓上俯瞰的景致，還以「絕景」之名寫入歌舞伎的台詞裡。

▶P.56

BEST 絕景

絕景導覽 永觀堂（禪林寺）▶P.59

美麗的櫻花與楓葉景致

3 哲學之道

名稱的由來是因為日本知名哲學家西田幾多郎喜歡在此思索哲學問題。自銀閣寺～若王子疏水道長約1.5公里，被列為「日本道路百選」。春天時約300株櫻花樹在此綻放，秋天的紅葉景致更是迷人。

▶P.59

BEST 絕景

絕景導覽 大豐神社 ▶P.59
法然院 ▶P.59

從話題性十足的廟宇藝術到世界遺產，沿著哲學之道的人氣散步行程

半日
行程
大眾交通工具

絕景導覽　青蓮院門跡～平安神宮～南禪寺～哲學之道

從擁有頗具特色的「襖繪」的青蓮院門跡出發，終點是東山文化象徵——銀閣寺。沿著哲學之道，盡情享受自然風光的豐富行程。

START

地下鐵東山站

前往銀閣寺或哲學之道時，很多人會選擇市公車。不過，建議大家可從京都車站搭乘地下鐵。尤其是在人潮眾多的春秋兩季，就不用擔心塞車問題了。

👣 步行5分鐘

10:00　讓人深深著迷的朱紅社殿　平安神宮

絕景導覽

為紀念平安遷都1100年所建造的平安神宮，鮮豔朱紅的社殿十分上相。此外，也是知名賞櫻景點，有機會的話，務必於春天前往。

▶ P.63

👣 步行15分鐘

11:00　從樓上俯瞰知名「絕景」　南禪寺

絕景導覽

在佔地廣闊的南禪寺境內，首先迎接參拜者的是京都三大門之一的「三門」。遊客可走到樓上，眺望京都美景。磚造水路閣也是必看景點。

▶ P.56

👣 步行即可到達

11:45　豐富口感，讓人驚豔不已　南禪寺 順正

位於南禪寺參道上，是參拜後午餐的最佳選擇。將黃豆美味濃縮其中，口感濃厚的豆腐，可配自製醬汁一起品嚐。還能欣賞隨季節變化的廣闊庭園造景。

▶ P.67

👣 步行即可到達

9:00　千萬別錯過摩登的蓮花襖繪！　青蓮院門跡

絕景導覽

別名「粟田御所」的青蓮院門跡，擁有包括庭園等眾多觀光景點。最近引起熱烈討論的，就是由現代藝術家木村英輝老師所描繪的華頂殿襖繪。色彩鮮豔又充滿生命力的蓮花，讓人印象十分深刻。

可以在華頂殿邊欣賞庭院景觀，邊品嘗抹茶（500日圓）與印有菊紋包裝的甜點。

▶ P.60

👣 步行10分鐘

這個區域擁有眾多觀光景點，可沿著哲學之道由南到北走走逛逛。

因「襖繪」受到矚目的青蓮院門跡、色彩鮮艷吸引目光的平安神宮社殿，都是讓人忍不住多按幾次快門的人氣景點。想認真拍照的話，建議一大早人比較少時前往。另外，平安神宮周邊有幾家美術館，有時間的話都可以繞去看看！若走到以紅葉聞名的南禪寺，午餐可選擇位於參道上的湯豆腐店。享用完充滿京都特色的美味料理後，可沿著自然景致豐富的哲學之道悠閒漫步。途中會繞到大豐神社看看，最後即可抵達本次旅程的終點站東山文化的象徵——銀閣寺。

重森三玲庭園美術館
參觀庭園造景大師故居

+1 小時

打造出東福寺庭園等的庭園造景大師——重森三玲的故居庭院。採預約制，想參觀的話一定要先預約。

▶P.64

or

永觀堂
自古以來深受喜愛

是京都最具代表性的賞楓景點，自古以來擁有「紅葉永觀堂」的封號。秋天時會開放夜間參拜，一定要記得確認時間喔。

▶P.59

or

詩仙堂
觀賞景致隨四季變化的美麗庭園

文人石川丈山的草庵。修剪整齊的綠意相當美麗。在此能欣賞到秋天的楓葉、春天的皋月杜鵑、夏天的新綠……隨季節變化的優雅景色。

▶P.68

13:00 大豐神社
有狛鼠迎接大家的小神社

位於哲學之道上的神社，神社內隨處可見可愛的狛鼠。也是欣賞山茶花的知名景點，最佳觀賞期為冬季～春季。

▶P.59

步行10分鐘

13:15 優佳雅 銀閣寺店
在舊家屋改建的咖啡館稍作歇息

離開大豐神社後，可沿著哲學之道由南向北走，享受散步的樂趣。途中會經過京都知名吸油面紙品牌老店所開的人氣咖啡館。在舊家屋改建而成的店內，一邊品嘗和風甜點，一邊享受悠閒時光。

▶P.66

步行15分鐘

14:30 銀閣寺（慈照寺）
打動人心的簡樸之美

足利義政一手打造的東山文化象徵。除了銀閣外，足以媲美現代藝術的向月台、銀沙灘也是不容錯過的景點。國寶東求堂、本堂、弄青亭於春秋兩季都會特別開放。

步行10分鐘

GOAL 市巴士銀閣寺道

絶景三門迎接來客
臨濟宗南禪寺派大本山

1 絶景導覽

南禪寺

南禪寺

MAP **P.50F-3** ☎ 075-771-0365

1291 年由龜山法皇創造。境內可見三門、法堂、方丈等伽藍、12 間塔頭。大方丈的枯山水庭園，據傳是由小堀遠州一手打造。

🏠京都市左京区南禅寺福地町 86 🕐 8:40 ～ 17:00（12 月至 16:30）費境內免費參觀（三門 500 日圓、方丈庭園 500 日圓）休全年無休 ✆市公車南禪寺、永觀堂下車後步行 10 分鐘 Ｐ 12 台

最佳季節 新綠（4月～6月）

三門是
京都三大門之一。
高22公尺！

體驗臨濟宗「禪」之精神
千萬別錯過塔頭＆體驗

在京都擁有崇高地位，保存眾多歷史建築物、庭園的南禪院。透過優美景色與坐禪體驗來磨練心性吧！

天授庵

創立於 1339 年。結合池泉迴遊式與枯山水兩種風格迥異的造景。

坐禪

透過每月第 2、4 個週日早上 6～7 點所舉辦的「曉天坐禪」，來達到精神統一的境界。

南禪院

為龜山天皇出家時的離宮遺跡、南禪寺的發祥地，庭園則是京都三大勝地史跡庭園之一。

因歌舞伎狂言裡「真是絕景啊」
這句台詞而家喻戶曉
從三門樓上遠眺出去的遼闊景致

1 三門看出去的景色，因歌舞伎《樓門五三桐》裡石川五右衛門的台詞「真是絕景啊」而打響名號。2 為了將琵琶湖疏水道引入寺內，以厚重紅磚搭建而成的南禪寺水路閣。3 以石頭與白沙展現出老虎渡河之景的方丈「虎子渡庭」。4 一到秋天，寺內便染上紅黃色彩。

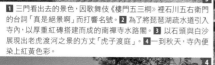

為了欣賞四季自然景色，讓人想多次造訪。

隨處可見各具特色的寺廟神社
四季皆美的「哲學之道」

內行人連周邊寺廟神社的花草樹木都熟悉？

從銀閣寺到若王子橋，沿著疏水道長約1.5公里的小徑。名稱的由來是因為日本知名哲學家西田幾多郎喜歡在此思索哲學問題，也入圍了「日本道路百選」。

春天造訪時，可看到由櫻花組成的粉色隧道。沿路有許多古剎、神社，也有如紅葉、山茶花等，能將境內點綴得更加豐富多采的花草植物。歡迎來體驗隨季節更迭而有所不同的自然美景！

⑤ 大豐神社

山茶花勝地

有源自《古事記》的狛鼠鎮守的神社。境內種有各式品種的山茶花，從冬天到春季，百花盛開更顯婀娜多姿。

MAP P.50F-2
☎075-771-1351

地京都市左京区鹿ケ谷宮ノ前町1 營費境內自由參觀 休全年無休 交市公車宮之前町下車後步行5分鐘 P無

⑥ 永觀堂（禪林寺）

自古以來即是擁有「紅葉永觀堂」封號的知名景點。約3000株日本紅楓將池泉迴遊式庭園點綴得多姿多采。

MAP P.50F-2 ☎075-761-0007

地京都市左京区永觀堂町48 營9:00～16:00 費600日圓（秋季寺寶展期間為1000日圓）休全年無休 交市公車南禪寺、永觀堂道前下車後步行3分鐘 P20台（寺寶展期間不開放）

紅葉勝地

疏水與京都近代化

將琵琶湖的水引入京都的琵琶湖疏水道，於1890年完工。其工程技術也活用於水力發電等方面。

至 銀閣寺 ➡

洗心橋

③

步行3分鐘

法然院（Hōnen-in／Temple）
安樂寺（Anraku-ji／Temple）

櫻橋

安樂寺
④

哲學之道

鹿谷通

⑤ 大豐神社

熊野若王子神社

⑥ 永觀堂
⬇ 至南禪寺、傾斜鐵道

② 銀閣寺（慈照寺）

將足利義政建造的山莊改建而成的寺院。據傳庭園裡有200種自生苔蘚，雨停後尤其美麗。

苔類勝地

MAP P.50F-2
☎075-771-5725

地京都市左京区銀閣寺町2 營8:30～17:00（12～2月為9:00～16:30、特別參拜時間為10:00～16:00）費500日圓（春秋兩季特別參拜時，本堂、東求堂、弄清亭另外加收1000日圓）休全年無休 交市公車銀閣寺道下車後步行10分鐘 P無

③ 法然院

法然上人與弟子共同搭建的草庵。除紅葉外，山茶花也相當有名。春季特別參拜時，不但能欣賞伽藍，還能探訪山茶花盛開的優美景色。

山茶花勝地

MAP P.50F-1
☎075-771-2420

地京都市左京区鹿ケ谷御所ノ段町30 營6:00～16:00 費院內免費參觀（伽藍內特別開放期間，參觀須付費）休全年無休 交市公車南田町下車後步行5分鐘 P無

④ 安樂寺

只在櫻花、杜鵑、皋月杜鵑、紅葉時期會特別開放。染成大紅的樹木與茅草屋頂的山門，在視覺上形成強烈對比。

MAP P.50F-2
☎075-771-5360

地京都市左京区鹿ケ谷御所ノ段町21 營9:30～16:30 費500日圓 休只有春秋兩季開放參觀 交市公車錦林車庫前下車後步行7分鐘 P無

紅葉勝地

青蓮院門跡

MAP P.50D-3 ☎075-561-2345

起源是日本天台宗之祖最澄搭建的
僧侶住所之一「青蓮坊」。住持皆
為皇室、攝關（類似中國的外戚）
家出身的僧侶所擔任，別名為「粟
田御所」。

地京都市東山区粟田口三条坊町69-1
營9:00～16:30（依季節開放夜間參
拜）費參拜費500日圓 休地下鐵東山
站出站後步行5分鐘 P5台（夜間參
拜期間不開放）

最佳季節	一年四季

info 夜間參拜一年兩次

青蓮院門跡供奉的熾盛光如來為
光之化身，因此與「光」的淵源顏
深。春秋會舉辦夜間點燈，在近
千組的照明器具照射下，院內被
奇幻光束層層包圍。

不僅僅是參拜
欣賞庭園美景的同時，以抹茶療癒身心靈

一定要來華頂殿，一邊品嚐抹茶，一邊欣賞日式庭園的優美景致。據傳是由室町時代的相阿彌所設計，借景粟田山所打造出的池泉迴遊式庭園饒有風趣。

藉由現代藝術
體驗佛教宇宙觀

1 抹茶附茶點 500
日圓。2 茶點包裝
紙上印有菊紋、懷
紙上則印有「粟田
御所」，展現出與
皇室的深刻淵源。

1 華頂殿內畫有蓮
花的襖繪為現代藝
術家木村英輝老師
的創作。2 境內的
庭園、本堂等處，
夜間點燈後呈現出
幽玄氣氛。3 佔地
約 1 萬坪的青蓮院
內，有宸殿、小御
所、熾盛光堂等建
築物與池泉迴遊式
庭園。4 被列為京
都市天然紀念物，
擁有 800 年樹齡
的楠木。據傳為親
鸞聖人親手栽種。

info 一走入就
覺得好神奇的
「螺旋隧道」

在三條通往南禪寺的路
上，有座磚造隧道。因隧
道上方有鐵道通過，於是
採用高承重的螺旋設計。

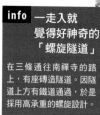

8 傾斜鐵道

絕景導覽　南禪寺周邊

MAP P.50E-3

鋪設於琵琶湖疏水道落差較大之處，
是為台車運送船隻所建的鐵道遺跡。
蹴上傾斜鐵道為全世界最長，1977
年被列為產業遺跡進行修復。

地京都市左京区粟田口山下町～南禪寺
草川町　營費休自由參觀　交地下鐵蹴上
站出站後步行 3 分鐘 P 無

最佳季節　新綠（4月～6月）

9 京都市動物園

絕景導覽　南禪寺周邊

MAP P.50D-3　☎075-771-0210

創立於 1903 年，是日本第二座動
物園。飼養包括長頸鹿、大象、
西部大猩猩等，約 120 種 600 隻
動物。並設有遊樂園，擁有超高
人氣。

地京都市左京区岡崎法勝寺町 岡崎公
園內 營 9:00～17:00（12 至 2 月到
16:30）費 600 日圓 休週一（遇國定
假日則改至隔日休）交市公車岡崎公
園、動物園前下車後步行 2 分鐘 P 無

info 低垂水面的
染井吉野櫻

流經岡崎峭的琵琶湖疏水
道兩岸，種植了大量的染
井吉野櫻，茂盛枝枒會垂
至水面上。

10 岡崎櫻、
若葉迴廊
十石舟巡禮

絕景導覽　南禪寺周邊

MAP P.50E-3
☎075-321-7696

（京都府旅行業協同組合）

疏水道沿岸櫻花、初夏新
綠、岡崎景致一覽無遺的
遊覽船。從南禪寺遊船乘
船場到夷川水庫，來回約 3
公里，航行時間為 25 分鐘。

地京都市左京区岡崎 南禪寺
舟溜り乘船場 營 3 月下旬～
5 月上旬的 9:30～16:30（夜
間點燈出航至 20:30）費
1200 日圓 休 4 月中旬後的
平日週一 交地下鐵蹴上站出
站後步行 7 分鐘 P 無

朱紅社殿
重現了平安京政廳

銀閣寺・南禪寺〔絕景名勝導覽〕

11 絕景導覽 平安神宮

南禪寺周邊

MAP P.50D-2 ☎075-761-0221

平安神宮是 1895 年為紀念平安京遷都 1100 年，將桓武天皇奉為祭神所興建的。塗上紅漆的應天門、大極門氣勢磅礴。一年四季綻放的花朵，將佔地約 3 萬平方公尺的神苑點綴得更加美麗。

地京都市左京区岡崎西天王町 營6:00～18:00（神苑則為 8:30～最後入場 17:30 ※依季節調整）費 境內免費參觀（神苑 600 日圓）休全年無休 交市公車岡崎公園、美術館、平安神宮前下車後步行 3 分鐘 P市營岡崎公園地下停車場（須付費）

| 最佳季節 | 春 |

info 平安神宮 紅枝垂櫻演唱會

在神苑裡盡情綻放的紅枝垂櫻，會進行夜間點燈。會場未設置座位區。可一邊漫步在充滿虛幻氛圍神苑，一邊聆聽撫慰心靈的悠揚樂聲。

☎075-241-6170
（平安神宮紅枝垂櫻演唱會事務局
京都新聞COM營業部內、平日10～17點）

舉辦期間 4月上旬
營 18:15～21:00（最後入場 20:30）
費 2000 日圓（預購 1700 日圓）※ 預定

12 絕景導覽 京都 Modern Terrace

南禪寺周邊

MAP P.50D-2 ☎075-754-0234

前川國男所設計的京都會館於 2016 年改建為「京都 ROHM Theatre」。可在 2 樓咖啡館的時尚空間裡，盡情享受美食與美酒。

地京都市左京区岡崎最勝寺町13 ロームシアター京都 パークプラザ 1F 營8:00～22:00 休不定休 交市公車岡崎公園、美術館、平安神宮前下車後步行 3 分鐘 P市營岡崎公園地下停車場（須付費）

1 超人氣早點 ─當季水果三明治(1188日圓)，附沙拉、生火腿、濃湯。2 陽光灑落窗邊的開放式室內空間。

即便是一顆石頭，也能讓人感受到其美學的庭園藝術

從書院望出去，
是充滿生命力的
枯山水庭園。

13 絕景導覽

重森三玲庭園美術館

銀閣寺周邊

MAP P.50D-1 ☎ 075-761-8776

昭和最具代表性的庭園造景大師——重森三玲的故居書院庭園。與據傳於 1789 年建造的書院相互融合後，所設計出的茶席、庭園都能自由參觀。

地京都市左京区吉田上大路町 34 營 11:00 ～ 14:00 ～（前一天 17:00 前皆可預約）費從外側參觀書院、庭園、茶室內部 900 日圓。※ 參觀採事先電話或 MAIL 預約制（提供專業導覽解說）休週一 交市公車京大正門前下車後步行 7 分鐘 P 無

14 絕景導覽

南禪寺周邊

細見美術館

MAP P.51C-2 ☎ 075-752-5555

館內展示了知名企業家細見家三代的蒐藏品。收藏了包含伊藤若沖的「雪中雄雞圖」（預定展示期須洽詢）等跨越不同時代的日本美術品。

地京都市左京区岡崎最勝寺町 6-3 營 10:00 ～ 17:30 費視展示內容而定 休週一 交市公車岡崎公園、美術館、平安神宮前下車後步行 1 分鐘 P 無

15 絕景導覽

南禪寺周邊

一本橋

MAP P.51C-3

座落白川知恩院前，寬約 60 公分的簡樸石橋。結束比叡山千日回峰行後的修行者都會經過此橋，因此也被稱為「行者橋」、「阿闍梨橋」。

地京都市束山区石橋町 營休自由參觀 交市公車東山三條下車後步行 3 分鐘 P 無

16 金戒光明寺
銀閣寺周邊
MAP P.50E-2
☎075-771-2204

為 1175 年，法然上人最初搭蓋的草庵之地。亦為幕末時，會津藩主松平容保招募有志之士所成立的新選組誕生地。

🏠京都市左京区黒谷町 121 🕐9:00～16:00 💰境內免費參觀（秋季特別公開期間，紫雲庭園、御影堂、大方丈 600 日圓，山門 800 日圓）🈳全年無休 🚃市公車岡崎道下車後步行 10 分鐘 🅿50 台

因長年修行，頭頂「螺髮」十分茂密的五劫思惟阿彌陀佛。

絕景導覽
18 京都國立近代美術館
南禪寺周邊
MAP P.50D-3 ☎075-761-4111

1963 年落成。館內收藏的海內外近代美術品約 12000 件。其中又以京都、關西的美術及工藝品比重最高。

🏠京都市左京区岡崎日圓勝寺町 🕐9:30～17:00（週五、六至 20:00）💰視展示內容而定 🈳週一 🚃市公車岡崎公園、美術館、平安神宮前下車後步行 1 分鐘 🅿無

絕景導覽
17 真如堂
銀閣寺周邊
MAP P.50E-2 ☎075-771-0915

984 年由戒算上人所開創。境內可見三重塔、鐘樓等建築，更是頗富盛名的賞櫻、賞楓勝地。

🏠京都市左京区浄土寺真如町 82 🕐9:00～16:00 💰本堂、庭園 500 日圓（境內免費，涅槃圖特別公開時 1000 日圓）🈳不定期（會因舉辦法事、儀式等暫停參拜）🚃市公車真如堂前下車後步行 8 分鐘 🅿5 台（賞楓期不提供）

絕景導覽
20 京都大學
銀閣寺周邊
MAP P.50D-1

具象徵意義的鐘樓，是由建築學科初代教授武田五一所設計。也有百週年鐘樓紀念館等可自由參觀的設施。

🏠京都市左京区吉田本町 🕐百週年鐘樓紀念館 9:00～21:30 🈳12 月 28 日～1 月 3 日，及其它臨時休館日 💰免費 🚃市公車京大正門前下車後步行 3 分鐘 🅿無

絕景導覽
19 白沙村莊 橋本關雪紀念館
銀閣寺周邊
MAP P.50F-1 ☎075-751-0446

日本畫家橋本關雪的工作室。1 萬平方公尺的腹地內，隨處可見大正～昭和初期搭建的住宅、畫室與茶室等。

🏠京都市左京区浄土寺石橋町 37 🕐10:00～16:30 最後入館 🈳全年無休 💰入館 1300 日圓（特別展另收費）🚃市公車銀閣寺前下車後步行 1 分鐘 🅿無

☕ GOSPEL
MAP P.50F-1 ☎ 075-751-9380

由威廉・梅瑞爾・沃里斯建築事務所設計的復古洋樓改建而成。招牌為特製司康餅紅茶套餐 (1350 日圓)。

🏠京都市左京区浄土寺上南田町 36 🕐 12:00～18:00 休週二 交市公車浄土寺下車後步行 4 分鐘 P無

☕ 優佳雅 銀閣寺店
MAP P.50F-1 ☎ 075-754-0017

京都知名吸油面紙老店開設的咖啡館。在由舊家屋改建而成的店內，品嚐最中餅 (820 日圓) 等日式甜點。

🏠京都市左京区鹿ケ谷法然院町 15 🕐 10:00～17:30 (最後點餐) ※ 依季節有所調整 休全年無休 交市公車錦林車庫前下車後步行 5 分鐘 P無

☕ 銀閣寺 KIMIYA
MAP P.50F-1
☎ 075-761-4127

姊妹共同經營的日式甜品店。坐在以骨董家具裝潢的店裡，品嚐蜜豆、白味噌年糕湯 (冬季) 等，享受片刻寧靜。

🏠京都市左京区浄土寺上南田町 37-1 🕐 11:00～17:00 休不定休 交市公車銀閣寺前下車後步行 3 分鐘 P無

☕ 進進堂 京大本門前
MAP P.50D-1
☎ 075-701-4121

1930 年開店，設計靈感來自巴黎拉丁區的咖啡館。搭配麵包的自家製咖哩套餐 830 日圓。

🏠京都市左京区北白川追分町 88 🕐 8:00～18:00 (最後點餐 17:45) 休週二 交京阪出町柳站出站後步行 10 分鐘 P無

☕ Chocolat BEL AMER 京都別邸 銀閣寺店
MAP P.50F-1
☎ 075-771-1005

高級巧克力專賣店。繼三條店後的第二家分店。售有日本酒、白味噌等特殊口味的巧克力。「Chocolat 雅」1 顆 260 日圓。

🏠京都市左京区銀閣寺町 75-1 🕐 10:00～18:00 休不定休 交市公車銀閣寺道下車後步行 1 分鐘 P無

☕ SIONE 京都銀閣寺本店 SHOWKO Kawahara
MAP P.50E-1
☎ 075-708-2545

以第六代陶窯繼承人河原尚子打造的陶磁器品牌「SIONE」為名的商店與咖啡館。和漢茶 864 日圓起。

🏠京都市左京区浄土寺石橋町 29 🕐 11:30～17:30。咖啡館至最後點餐 17:00 休週二 (有臨休可能) 交市公車銀閣寺道下車後步行 1 分鐘 P無

🍡 綠壽庵清水
MAP P.51C-1
☎ 075-771-0755

創立於 1847 年，全日本唯一的金平糖專賣店。以一脈相傳的技法純手工製作的金平糖，約有 85 種。更有如南瓜金平糖 (1836 日圓) 等季節商品。

🏠京都市左京区吉田泉殿町 38-2 🕐 10:00～17:00 休週三、每月第四個週二 (若遇國定假日照常營業) 交市公車百萬遍下車後步行 2 分鐘 P無

🍞 Cheer up！
MAP P.51C-2
☎ 075-751-5556

使用自製酵母，口感Q彈的貝果為人氣商品。起士口味 (216 日圓)、Q彈牛奶 (140 日圓) 等種類豐富。

🏠京都市左京区岡崎徳成町 18-6 エモーションビル 1F 🕐 8:00～18:00 休週一、每個月第二、第四個週二 交市公車岡崎公園、京都 ROHM Theatre・Miyakomesse (勧業館) 前下車步行 3 分鐘 P無

🍫 BENCINY
MAP P.51C-2
☎ 075-761-3939

由曾擔任過攝影師的店長親手製作的 Bean to Bar 巧克力店。所有商品可可豆含量都在 70% 以上，一片 1000 日圓起。

🏠京都市左京区岡崎西天王町 84-1 🕐 12:00～17:00 休週二、三、四 交市公車東山二條、岡崎公園下車後步行 3 分鐘 P無

🍧 菓子Cheka
MAP P.50E-2
☎ 075-771-6776

在此能品嚐以茶釜熬煮的熱水沖泡的咖啡與甜點。布丁刨冰 (1000 日圓) 等淋上自製糖漿的刨冰，是夏季限定商品。

🏠京都市左京区岡崎法勝寺町 25 🕐 11:00～19:00 休週一、二 交地下鐵蹴上站出站後步行 7 分鐘 P無

名物
名產

湯豆腐

來自京都潔淨水源的
極致口感

湯豆腐「花」
3090日圓
除了湯豆腐之外，還
附有豆腐田樂、天婦
羅、小菜、米飯、漬物
的豐盛套餐。

眺望庭院的豐饒之
綠，也放鬆身心。

完整保留黃豆原味
的豆腐，單吃也很
美味。

位於湯豆腐名店林立
的南禪寺參道上的京會
席（京都和食套餐）與
湯豆腐餐廳。南禪寺周
邊走走逛逛時，可以順
路繞去。在此品嘗包含
了豆腐田樂（將豆腐切
塊塗上味噌）、胡麻豆
腐、天婦羅等料理的湯
豆腐套餐。

套餐的主角，是用精
挑細選的日本國產黃豆
與京都的好水製成的美
味豆腐。放入散發柚子
香氣的利尻昆布高湯裡
稍微汆燙，再沾點自製
醬汁。一入口在舌尖上
融化的瞬間，讓人驚呼
口感。

連連。

1200坪的廣大腹地
裡還佇立著一棟江戶時
代蘭學醫所開設的醫學
學問所，現在則是被指
定為國家登錄有形文化
財的「順正書院」。這
棟曾出現在幕末京都導
覽書《花洛名勝圖會》
歷史悠久的建築物，在
當時的定位是文化沙
龍。除此之外，周邊有
借景冬山的廣闊庭園，
初夏的翠綠景致、秋天
紅葉渲染出的深紅等，
一年四季的獨特美景，
更能突顯出豆腐的奧妙
口感。

🔔 就來老店嚐一嚐！

南禪寺周邊

南禪寺 順正

MAP P.50E-3 ☎075-761-2311

地京都市左京区南禅寺門前 營11:00～
最後點餐 20:00 休不定休 交地下鐵蹴
上站出站後步行 5 分鐘 P無

分店
情報　清水順正 OKABE家
MAP P.26E-3

【工序】

3
過濾
煮沸會分離成豆乳與豆
渣。豆乳的部分會用來
做豆腐。

2
加熱
將磨好的黃豆漿倒入大
鍋煮沸。

1
浸泡、磨碎
在飽含水分的黃豆上，
一邊灑水，一邊用研磨
機磨碎。

何謂叡電？

以出町柳站為起點，從左京區往北走的叡山電車，暱稱「叡電」。鞍馬線的展望列車「雲母」、叡山本線的觀光列車「比叡」都很受歡迎。（※市原站～鞍馬站目前停駛）

MAP P.4D1～2 ☎075-702-8111
〈叡山電車 鐵道部運輸〈營業部門〉〉

搭乘叡電探訪絕景

從銀閣寺出發

絕景導覽 1　詩仙堂　一乘寺

MAP 拉頁·京都街道**D-2**
☎075-781-2954

江戶時代文人石川丈山的草庵。丈山親手設計的庭園，其特徵為修剪成橢圓形的皋月杜鵑。除了坐在詩仙之間欣賞外，還能隨意走走逛逛。

🏠京都市左京区一乘寺門口町 27　🕐9:00～16:45　💰500 日圓　休 5/23　交叡電一乘寺站出站後步行 15 分鐘　🅿無

最佳季節 皋月杜鵑（5月中旬～6月）

【名物】

豆奶布丁 各410日圓

焙茶與抹茶兩種口味。
吃完後齒頰留香。

一乘寺中谷

MAP 拉頁·京都街道**D-2**
☎075-781-5504

和菓子職人與甜點師夫妻共同經營的甜點店。可在附設咖啡館品嚐到聖代、蕨餅等甜品，以及各式輕食。

🏠京都市左京区一乘寺花ノ木町 5　🕐9:00～18:00　休週三（11月不定期）交叡電一乘寺站出站後步行 6 分鐘　🅿3 台

圓光寺

MAP 拉頁·京都街道**D-2**
☎075-781-8025

源於 1601 年德川家康開設的學問所。寺內擁有能欣賞到紅葉美景的十牛之庭、洛北最古老的泉水、栖龍池等諸多觀光景點。

🏠京都市左京区一乘寺小谷町 13　🕐9:00～17:00　💰500 日圓　休全年無休　交市公車一乘寺下松町下車後步行 8 分鐘　🅿30 台（11月不開放停車）

【美景】

修學院離宮

MAP 拉頁·京都街道**D-1**
☎075-211-1215
（宮內廳京都事務所參觀科）

後水尾上皇搭建在比叡山山腰的廣大山莊。由上、中、下三間離宮所構成，境內洋溢著風雅之趣。

🏠京都市左京区修學院藪添　🕐須事先或當天預約（請上官網確認）💰免費參觀　交市公車修學院離宮道下車後步行 15 分鐘、叡電修學院站出站後步行 20 分鐘　🅿無

赤山禪院

MAP 拉頁·京都街道**D-1**
☎075-701-5181

位於御所的正鬼門周邊，因能替家中不好的方位消災解厄、鎮守鬼門而聞名。別名「紅葉寺」，因為一到秋天，院內就會被染成一片赤紅。

🏠京都市左京区修學院開根坊町 18　🕐9:00～16:30　💰免費參拜　休全年無休　交叡電修學院站出站後步行 20 分鐘　🅿無

八瀬

2 瑠璃光院（平常未開放）

絶景導覽

MAP P.4D-1 ☎075-781-4001

可造訪本願寺歷代門跡的寺院。大正～昭和初期改建為數寄屋建築。最有名的就是能欣賞到楓葉倒映在書院2樓如鏡般長桌上的瑠璃之庭。

地 京都市左京区上高野東山55 營 10:00～17:00（依日期會有人數限制，務必確認官方網站最新消息）費 2000 日圓 休 對外開放時無休（只有春秋兩季特別參拜時才對外開放，須洽詢）交 叡電八瀬比叡山站出站後步行 5 分鐘 P 無

最佳季節　紅葉（10月～12月上旬）

【名物】

神虎餅 各120日圓

名稱的由來是因為鞍馬寺本尊毘沙門天的使者是老虎。

多聞堂

MAP P.5C-1
☎075-741-2045

位於鞍馬寺參道上的和菓子店。最有名的是以摻入橡木果實的軟嫩麻糬皮內包紅豆餡的牛若餅。買了可以直接在店裡吃。

地 京都市左京区鞍馬本町 235 營 9:30～16:30 休 週三 交 叡電鞍馬站出站後步行 2 分鐘 P 無

鞍馬寺

MAP P.5C-1
☎075-741-2003

佇立於靈峰鞍馬山上，留下小名牛若丸的源義經在此與天狗修行的傳說。在大自然環繞下，成為首屈一指的能量景點。

地 京都市左京区鞍馬本町 1074 營 9:00～16:30 費 愛山費 300 日圓 休 全年無休 交 叡電鞍馬站出站後步行 5 分鐘 P 無

貴船神社

MAP P.5C-1
☎075-741-2016

鴨川的水源地，供奉水神的古神社。和泉式部來此祈願後，順利與丈夫破鏡重圓，讓貴船神社成為了頗富盛名的姻緣神社。

地 京都市左京区鞍馬貴船町 180 營 9:00～17:00（授与所）費 免費參觀 休 全年無休 交 叡電貴船口站出站後步行 30 分鐘或搭乘京都巴士 5 分鐘 P 25 台

【美景】

比叡山延曆寺

MAP P.4D-1
☎077-578-0001

此一世界遺產源自於天台宗祖最澄所搭建的草庵。寺內是由以東塔、西塔、橫川為中心的三塔十六谷所構成。

地 滋賀県大津市坂本本町 4220 營 東塔 8:30～16:30、西塔、橫川 9:00～16:00（依季節調整）費 700 日圓（東塔、西塔、橫川共通）休 無 交 叡電八瀬站轉八瀬纜車前往比叡山頂站。出站後轉乘接駁車，約 5 分鐘抵達延曆寺公車站，下車步行 5 分鐘 P 525 台

旅

×琵琶湖
疏水道

story & history

讓人更了解旅行意義的「絕景物語」

京都歷史跟水息息相關
琵琶湖疏水道與知名庭園的接點

琵琶湖疏水道帶來的不只是水運，也對以觀光都市著稱的京都之發展貢獻良多。

以水力來振興產業！明治期的疏水事業

1869 年遷都東京後，京都產業陷入衰敗，人口也急速減少。為了振興產業，於是規畫了此一疏水事業。是為了將琵琶湖的水引入京都的大規模計畫。

投入了高於京都府年度預算 2 倍的龐大預算，耗費 5 年時間，於 1890 年正式完工。疏水道自從大津市觀音寺至京都市伏見區堀詰町，全長約 20 公里。

照片提供／京都市上下水道局

日本首次採用橫穴與豎坑並行的「軸式」疏水道。

由「第 1 疏水」、「疏水分線」及 1912 年完成的「第 2 疏水」構成，至今仍發揮極大效用。利用琵琶湖疏水的水力發電、水車動力，是促進當地產業發展、上水道整備等京都都市化的根基。

照片提供／京都市上下水道局

蹴上船溜與滾輪工廠。

豐富水源所打造出的東山區名庭

琵琶湖疏水帶來的成果中，最意想不到的就是「庭園」。舊時被畫為南禪寺領地的區域內，陸續建造了包含山縣有朋的別墅無鄰庵，清流亭、碧雲莊等雄偉壯闊的高級別墅。別墅裡有第七代小川治兵衛所設計的庭園，其用水即來自琵琶湖疏水道。而平安神宮、圓山公園、京都國立博物館庭園使用的水源亦來自疏水道。

以東山為主山的明治時代知名庭園。

無鄰庵

MAP P.50E-3 ☎075-771-3909

🏠京都市左京区南禅寺草川町 31 🕐 8:30～17:00（依季節調整）💰料 410 日圓 休 12 月 29 日～31 日 🚇地下鐵蹴上站出站後步行 7 分鐘 🅿無

因明治150週年而備受矚目！歡迎前來走走

2018 年正逢明治 150 週年，京都市便以將明治期近代化事業活用於現在與未來，舉辦了「明治150週年‧京都奇蹟企畫」。

活動之一便是恢復船運。隨著陸運的發達，1951 年後絕跡的通船，以「琵琶湖疏水船」之名再次登場。航行路線就是當時的第一琵琶湖疏水道（大津～蹴上）。

琵琶湖疏水船

MAP P.50E-3 ☎075-365-7768

（琵琶湖疏水船管理事務局／平日9:30～17:30）

開請詳洽官網　💰大津～蹴上 4000 日圓起（依時期有所調整）🚇地下鐵蹴上站出站後步行 4 分鐘（蹴上乘下船場）※詳情請至官方網站確認，須預約

航行過程中會經過四個隧道。

琵琶湖疏水道的150年歷史

1881年	第3代京都府知事、北垣國道一手策畫琵琶湖疏水事業
1885年	開始動工
1890年	琵琶湖疏水道完工
1891年	蹴上發電所完工
1912年	第2疏水與蹴上淨水廠同時完工。京都市水道事業正式誕生
1948年	蹴上傾斜鐵道停駛
1951年	琵琶湖疏水道的船運事業開始衰退
1968年	第1、2疏水全線整修
1996年	琵琶湖疏水道相關設施12處被列為國家史蹟
2007年	琵琶湖疏水被指定為經濟產業省近代化產業遺產
2018年	琵琶湖疏水道運船，事隔67年再次復活

GOURMET
GUIDE

京都
美食

京料理

成名原因

京都的歷史與文化都濃縮其中的京料理。不只是食材，還能從餐具、擺盤及店內陳設都能品味到季節感。京都美食的精髓就在這兒！

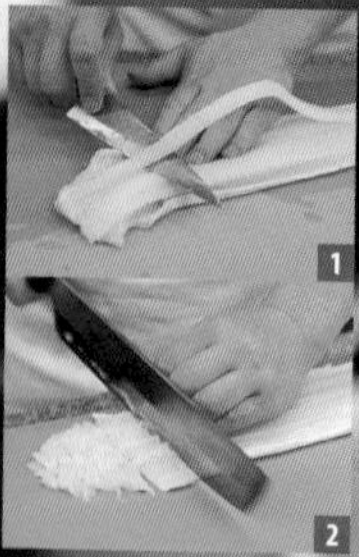

堺萬

烏丸

MAP P.73C-1 ☎075-231-3758

地京都市中京区二条通室町西入ル大恩寺町248-2 ⏰12:00～14:30、17:00～20:30 休週二、每月最後一個週一 🚇地下鐵烏丸御池站出站步行6分鐘 🅿無

1 鱧魚魚骨也能拿來熬製高湯。2 將魚骨切成細絲。

來老店，品嚐鱧魚全餐

創立於1865年，以高超去骨技巧而名聞遐邇的鱧魚料理，吸引了谷崎潤一郎等無數文人墨客。以去骨後只留下一層超薄魚皮的生魚片，是本店才能品嚐得到的獨家招牌料理，讓人品嚐到鱧魚本身淡雅高尚的甜味與細膩的油脂。5～10月可享用最新鮮的鱧魚料理，其它季節則推薦馬頭魚、鮟鱇魚的火鍋料理。

鱧魚全餐
13068日圓

能一次品嚐到包括輕薄透明到可看到器皿花紋的生魚片、汆燙鱧魚、火鍋等多種美味。

感動人心的現熬高湯

曾擔任「京都和久博」料理長的店長，使用京都優質名水烹調出有十道菜色的套餐。本店特色為湯品高湯都是在客人面前熬煮而成。

木山

MAP P.51A-2 ☎075-256-4460　京都御地周邊

地京都市中京區絹屋町136 ヴェルドール御所1F 營12:00～15:00（最後點餐13:30）18:00～22:00（最後點餐19:30）休不定休 交地下鐵丸太町站出站後步行6分鐘 P無

1 以馬頭魚熬煮而成的湯品。2 菜色包括海膽蛋花丼等，任君挑選。

晚間套餐
2萬元起
使用將現削柴魚片加入約80度的昆布高湯熬煮而成的湯底。

內部相當雅致，改自數寄屋建築的餐廳

由在京都長大的店長一手打造，匠心獨具的空間，帶來味覺與視覺的享受。午間套餐（8640日圓起）的價格，不會讓人望之卻步。

1 華麗鮮豔的八寸是套餐裡最引人矚目的主角。2 以用土鍋煮成的當季炊飯來收尾。

午間懷石
8640日圓起
以嚴選食材與傳統技藝，再搭配上主廚的創意，打造出的美味佳餚。

祇園 NISHIKAWA

祇園

MAP P.26D-2 ☎075-525-1776

地京都市東山區下河原通八坂鳥居前下ル下河原町473 營1中午須於12:00 抵達餐廳，晚間為18:00～19:00 休週日（若遇國定假日則改隔日休）、週一中午 交市公車東山安井下車步行3分鐘 P無

不到3000日圓·經濟實惠的京料理午餐

河原町

SHIRUKOU

於1932年創業，其中利久便當（2500日圓）相當受歡迎。菜色包括白味噌湯、使用當季食材煮成的白飯與5道配菜。

MAP P.72F-3 ☎075-221-3250

地京都市下京區四条河原町上ル一筋目東入ル 營11:30～最後點餐14:30、17:00～最後點餐20:30 休週三、不定休 交市公車四條河原町下車後步行1分鐘 P無

烏丸

京和膳 鯛匊鯛

以「讓人輕鬆享用日式傳統料理」為理念，提供無菜單午膳（3500日圓起）。有前菜、生魚片、烤物等，種類相當豐富。

MAP P.73C-2 ☎075-253-6807

地京都市中京區室町通蛸藥師上ル鯉山町535 室蛸ビル1F 營12:00～14:00、18:00～22:00 休週二 交阪急烏丸站出站後步行6分鐘 P無

濃縮京都的精髓，豪華京都便當

於1935年創業的外賣店。第三代店長將傳統京料理與最先進的烹調技術加以結合，烹調出的料理緊緊抓住每位饕客的心。

洛中便當
5000日圓
菜色包括將當季食材以最美的裝盤方式呈現的八寸、蔬菜、魚肉、豆腐拼盤等。僅限平日中午供應。

烏丸

京料理 木乃㱕

MAP P.73C-3 ☎075-352-0001

地京都市下京區新町通仏光寺下ル岩戸山町416 營11:30～最後點餐14:00、17:30～最後點餐19:30 休週三 交地下鐵四條站步行5分鐘 P無

京都美食〔京料理〕

75

老舗丼飯・麵食

成名原因

京都人最愛的庶民美食。雖然都是人人耳熟能詳的菜色，但多加了一道風味獨特的高湯或精選食材，藉此展現出老店的堅持。

鋪了一層巨大高湯蛋捲的鰻魚錦糸丼

有100多年歷史的鰻魚料理店。本店招牌是鋪了厚達2公分厚高湯蛋捲的鰻魚錦糸丼。技巧純熟的廚師以備長炭認真烤出的美味鰻魚、濃醇的祕傳醬汁與口味溫純的高湯蛋捲合為一體，讓人忍不住食指大動。以先蒸後烤的江戶燒烤法，烤出魚皮香酥・魚肉軟內的鰻魚。店內也提供鰻魚蛋捲（500日圓）等菜色。

1 店內現烤，香氣迷人。**2** 古色古香的建築物也獨具魅力。

鰻魚錦糸丼（中）
2500日圓
淋在鰻魚飯上的是代代相傳的醬汁，讓白飯變得更加美味可口。

京極 KANEYO
河原町

MAP P.72E-2 ☎ 075-221-0669

地 京都市中京区六角通新京極東入ル松ヶ枝町456 營 11:30～20:30（最後點餐）休 全年無休 交 市公車河原町三條下車後步行2分鐘 P 無

鋪滿京都人的最愛——豆皮的衣笠丼

創業超過 550 年的蕎麥與蕎麥點心餐廳。以京都名水煮成的高湯為底的蕎麥醬汁，也會用在丼飯料理上。本店招牌為以豆皮、九條蔥煮成，最後再淋上蛋液的衣笠丼。

烏丸

本家尾張屋 本店
MAP P.51A-3
☎075-231-3446
地京都市中京区車屋町二条下ル 營11:00～最後點餐18:00 休全年無休 交地下鐵烏丸御池站出站後步行2分鐘 P無

衣笠丼
864日圓
名稱由來是因最後在食材上淋上一層蛋液，看起來就像是被雪覆蓋的衣笠山一般。

淋上的蛋液像花朵般綻放 雞卵烏龍麵

擁有 100 年以上歷史，堅持使用以 3 種柴魚片與羅臼昆布熬煮而成的高湯。倒入蛋液勾芡的雞卵烏龍麵，不分季節，都是深受京都人喜愛的烏龍麵料理之一。

河原町

京都 權太呂 本店
MAP P.72E-3
☎075-221-5810
地京都市中京区麩屋町通四条上ル 營11:00～20:00 休週三（若遇國定假日則照常營業）交地下鐵四條站出站後步行1分鐘 P無

雞卵烏龍麵
1000日圓
覆蓋在烏龍麵上的鬆軟蛋花，加點生薑更能提出好滋味。

以九條蔥增加口感 知名南蠻鴨肉麵

自享保年間傳承至今的老店。能品嚐到南蠻鴨肉麵、山藥手打麵等好入口又不失勁道的烏龍麵，以及合鴨與九條蔥的絕妙組合。

河原町

晦庵 河道屋 本店
MAP P.72E-2
☎075-221-2525
地京都市中京区麩屋町通三条上ル下白山町295 營11:00～20:00（最後點餐19:40）休週四 交地下鐵京都市役所前站出站後步行2分鐘 P無

南蠻鴨肉麵
1000日圓（含稅）
高湯是以河內鴨腿肉短時間內熬煮而成，更能增添料理美味。

輕鬆品嚐高湯老店之味

仁王門 Uneno
MAP P.51C-3 ☎075-751-1188
由高湯老店「Uneno」直營，提供 1200 日圓的卓袱烏龍麵（照片所示）等以濃郁高湯烹調而成的菜色，種類相當豐富。

河原町
地京都市左京区新丸太町41 營11:30～15:00（最後點餐）、16:30～19:00（最後點餐）休週四，每月兩次週三不定休 交京阪三條站出站後步行4分鐘 P無

錦市場

MAP P.72E-2 ☎店舖各異

地京都市中京区二条通室町西入ル大恩町
248-2 營休依各店家規定 交西入口：地下
四條站出站後步行4分鐘；東入口：阪急河
原町站、烏丸站出站後步行4分鐘 P無

成名原因

京都人熟知的「京都廚房」。錦市場是一條長390公尺的商店街，兩側皆為販賣食材的商店與餐廳，讓人忍不住口水直流。

在集結了京都美食的商店街裡悠閒漫步

位於四條通北邊，僅隔一條巷子的錦小路通一隅。從東側的寺町通到西側的高倉通，被稱為「錦市場」。這條商店街的歷史相當悠久，有一說是始於延曆年間（782～806年），但仍有諸多說法。目前共有120間商家，現場販售如京都蔬菜、京都醃漬物、新鮮漁獲、乾貨、腐皮等，京都人熟悉的好味道。近年來也增加許多海內外的觀光客，在此享受購物與邊走邊吃的樂趣。

每月套餐
1850 日圓

蔬菜店直營，內行人才知道的餐廳

④ IKEMASA 亭
MAP P.72D-2
☎075-221-3460

能品嚐道使用大量當季蔬菜的番菜定食以及份量十足的丼飯。

🕙11:30～最後點餐 14:00、17:30～最後點餐 21:30※週日、一只有中午營業 休週二

黑豆、黃豆粉產品種類豐富

③ 黑豆茶庵 北尾 京之台所・錦店
MAP P.72D-2 ☎075-212-0088

販售丹波產黑豆等豆類產品的「北尾」直營的甜點店。能品嚐到店家親自研磨的黃豆粉。

🕙10:00～18:00》喫茶 11:00～最後點餐 17:00 休週三（依季節調整）

店面也售有黑豆商品。

京・丹波葡萄黑豆
100 公克 719 日圓

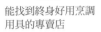
小鳥造型的可愛道具

能找到終身好用烹調用具的專賣店

② 有次
MAP P.72E-2
☎075-221-1091

菜刀、鍋具、模型等料理高手會用到的烹調道具一應俱全。黃銅製開瓶器 6480 日圓。

🕙9:00～17:30 休 1 月 1 日～

創業至今，已有 450 年以上歷史的老舖店家。

想吃京都 & 琵琶湖河魚，來這準沒錯

① 山元馬場商店
MAP P.72E-2
☎075-221-4493

提供以京都、滋賀河魚烹煮而成的熟食、佃煮。此外還能找到琵琶湖產「暗色領鬚鮈」等珍貴食材。

🕙8:00～17:00 休週三

包了鰻魚的豪華蛋捲串。高湯蛋捲串 1 根 100 日圓。

鰻魚蛋捲串 1 根
130 日圓

②

錦天滿宮

錦天滿宮
位於錦市場東側的神社，以學業進步跟生意興隆最為靈驗。

京都美食〔錦市場〕
高倉通 ─ 京漬物西利 ─ 畑野軒老舖 ─ 堺町通 ─ 麩嘉 ─ 鮮魚木村 ─ 柳馬場通 ─ IKEMASA ④ ─ 魚力 ─ 三木雞卵 ─ 富小路通 ─ 台所・錦店 北尾 京之台所・錦店 ③ ─ 山元馬場商店 ① ─ YAMADASHIYA ─ 麩屋町通 ─ 御幸町佃煮 湯波吉 ② ─ 有次 ─ 寺町通 ─ 錦・高屋 ─ 新京極通

錦小路通

約50m 1分鐘

錦大丸 ─ ⑦ 錦・井上佃煮店 ─ ⑤ 打田漬物 錦小路店 ─ NOZO与西店 ─ ⑥ 錦麻糬屋 ─ 富小路通 ─ 錦川政 ─ 錦小路通 ─ 野村佃煮 ─ 御幸町通 ─ 寺町通

讓人意想不到的熟食老店名產

⑦ 錦・井上佃煮店
MAP P.72D-2
☎075-221-4357

明治時代傳承至今的熟食店。提供超過 70 種自古以來家家戶戶都吃得到的媽媽味道。

🕙9:00～18:00 休週三，及每月第 1、3 個週日不定休

巧克力可樂餅
120 日圓

可以在此購買喜愛的配菜！

烤糰子
1 串 170 日圓起

能品嚐到店內現搗麻糬

⑥ 錦麻糬屋
MAP P.72D-2 ☎075-223-1717

最有名的就是一天數次以木臼現搗的軟 Q 麻糬。也可在店裡享用甜食、輕食。

🕙11:00～17:30 休不定休

一年四季都吃得到的京都白味噌年糕湯（745 日圓）。

色彩斑斕的京都醃漬物

⑤ 打田漬物 錦小路店
MAP P.72D-2 ☎075-221-5609

嚴格控管菜園品質，相當重視醃漬物的各式食材。招牌千枚漬可說是京都人冬天最期待的小菜。

🕙9:00～18:00
休全年無休

從一般常見到季節限定商品，應有盡有。

花大根
540 日圓

也到全新小吃街逛逛吧！

街燈商店街 河原町
河原町

2018 年才落成的小吃街，集結了炸串、鐵板燒、居酒屋等六家美味餐廳。

MAP P.72D-2 ☎075-708-3970
地京都市中京区魚屋町 607 🕙15:00～最後點餐 22:30 休無 交地下鐵四條站步行 4 分鐘 P無

79

町家午餐

讓人沉浸在京都風情裡的町家空間。除了美味料理，還能欣賞建築的獨特氛圍，是想吃京都美食的人絕對不能錯過之處。多樣化的菜色也是其魅力所在。

在擁有庭院的町家，享用五彩繽紛的壽司

位於由石階鋪成的石塀小路上的町家。招牌的「手拌壽司」是從50種以上的食材裡，選擇自己喜愛的配菜，再拌入醋飯享用的創意料理。所有配菜都經過精心烹調，每種口味都別具特色。

最後，可將柴魚、昆布熬煮而成的土瓶蒸高湯淋在醋飯上的自製茶泡飯，畫下完美的句點。※謝絕12歲以下的兒童入店。

祇園

AWOMB 祇園八坂

MAP P.26D-2 ☎075-204-3564

地京都市東山区下河原町463-8 營11:30〜15:00（最後點餐 14:00）、18:00〜20:30（最後點餐 19:30）休不定休 交市公車東山安井下車步行1分鐘 P無

手拌壽司
2970日圓
配菜包括水果、蝦干、美乃滋等意想不到的食材。

西陣

京湯葉處 靜家 西陣店

MAP P.92E-2 ☎075-468-8487

地京都市上京区大宮通今出川下ル薬師町 234 營 11:30～14:30（最後點餐），17:00～19:45（最後點餐）休週三 交市公車今出川大宮下車步行 1 分鐘 P無

在饒富意趣的町家，品嚐現做腐皮

由擁有 140 年以上歷史的町家改建而成的腐皮料理專賣店。本店招牌是以美山清冽泉水與國產黃豆釀成的豆漿所製作的腐皮。

腐皮套餐
（午）4510日圓～
菜色包含涮腐皮、生腐皮切片或煎腐皮、豆乳布丁等。

京都御地周邊

RYORIYA STEPHAN PANTEL

MAP P.51A-2 ☎075-204-4311

地京都市中京区柳馬場通丸太町下ル四丁目 182 營 12:00～12:30（最後入座），18:00～19:30（最後入座）休週三，及每月第 2、4 個週二 P無

時尚的町家餐廳

大門厚重緊實的大型町家，能品嚐到法國主廚親手製作口味獨創纖細的料理。晚間套餐的鵝肝醬跟奈良漬，是本店必吃菜色。

午間套餐
5400日圓～
每天菜色都不同。除了套餐之外，還可以另外加點鵝肝醬跟奈良漬。

左側直書標籤：京都美食〔町家午餐〕

同樣受歡迎的寺院午餐

D&DEPARTMENT KYOTO

烏丸

「D&DEPARTMENT」是位於本山佛光寺境內的咖啡館。在此可品嚐到京都定食（1440 日圓）及各式甜點。

MAP P.72D-3 ☎075-343-3215

地京都市下京区高倉通仏光寺下ル新開町 397 本山仏光寺内 營 10:30～18:00（最後點餐 17:00）休週三（若遇國定假日照常營業，改至隔日休）交地下鐵四條站出站後步行 6 分鐘 P無

精進料理 篩月

嵐山

於天龍寺境內提供素食料理。紅漆餐具裡擺滿了蔬菜、豆皮、菜乾等料理。雪套餐 3300 日圓起。須另支付參拜費 500 日圓。

MAP P.112B-2 ☎075-882-9725

地京都市右京区嵯峨天龍寺芒ノ馬場町 68 營 11:00～14:00 休全年無休 交嵐電嵐山站出站後步行 1 分鐘 P 120 台（天龍寺付費停車場）

烏丸

MATSUHA

MAP P.51A-3
☎075-231-7712

地京都市中京区晴明町 671 營 10:00～21:00（最後點餐）休週日、一 交地下鐵京都市役所前站步行 5 分鐘 P無

用具擺設都很可愛讓人舒適自在的咖啡館

無論是小巧可愛的吧檯、榻榻米、圓桌位置，都可任君挑選。以日式料理為基底，再多加一道功夫，藉此打造出充滿溫度的料理，滋味豐富多元。

3菜1湯
800日圓
完美融合了日式與洋式料理風格，每天都會提供不一樣的美味菜色。

京都家家戶戶的餐桌上一定會有的京番菜，是使用當季蔬菜、乾貨再搭配高湯烹調而成，溫醇好滋味是其魅力所在。想稍微放鬆的話，也可來點小酒。

一個人也能享受的超人氣番菜櫃檯

位於木屋町大樓深處，一進門就可看到穿著割烹着（日式烹飪罩衫）的女老闆季以姊，溫暖地迎接每位客人。就算是第一次上門的女性，也都能安心享用。

櫃檯擺滿使用腐皮或京都蔬菜等最具京都特色的食材烹煮的料理。不妨一邊喝著當地特選美酒，一邊享用美味料理跟季以姊的風趣對話吧！

先斗町

京都五大花街之一。在昔日茶屋櫛比鱗次的巷弄裡，近年多了不少初訪客人也能輕鬆入內的店家。

MAP P.72F-2

交 阪急河原町站 1-A 出口出站後步行 1 分鐘

AOI

MAP P.72F-2　　河原町

☎ 075-252-5649

地 京都市中京区東木屋町三条下ル材木町 181-2 ニュー京都ビル 1F奥　營 17:00～22:00　休 週六、日、國定假日、不定期　交 地下鐵三條京阪站／京阪三條站步行 5 分鐘　P 無

小魚萬願寺辣椒
580日圓
吃得到水嫩口感的必點菜色，下酒配飯都非常美味。

生腐皮切片
880日圓
厚片腐皮充滿了黃豆甘甜濃郁的香氣，搭配芥末醬油更好味。

醋味噌涼拌菜
780日圓
在京都稱為「TEPPAI」。最受好評的就是醋味噌拌烤油豆腐、生麩。

1 加了雞肉的蓮藕丸子，相當受歡迎。**2** 加了烤得香噴噴的油豆腐，超好吃的醋味噌拌九條蔥。**3** 醃鯖魚。

擺滿25道以上菜色的澎湃櫃檯

40多年來，無論是當地居民或來拍戲的演員、工作人員都讚不絕口的餐廳。25個以上的大鉢中裝滿了代代相傳的媽媽味，讓人能在此一嚐當季食材、京都蔬菜、原創料理等。最後不妨再來碗山椒飯（540日圓）收尾。

西院

京番菜 WARAJI 亭

MAP 拉頁·京都街道B-4
☎ 075-801-9685

地京都市中京區壬生東大竹町14 營 17:00 ～ 22:30 休 週日、國定假日 交 嵐電西大路三條站步行三分鐘 P 無

1 加了小巧可愛的馬鈴薯塊，暖心又暖胃的馬鈴薯燉肉（570日圓）。**2** 味噌美乃滋拌生麩南瓜（590日圓）。**3** 胡麻美乃滋拌鴨兒芹鹽漬鯡魚子（590日圓）。

精心設計的和式摩登空間

位於四條烏丸巷弄內，擁有百年歷史的町家，洗鍊的室內裝潢，猶如置身酒吧。時尚空間與大鉢番菜的絕妙組合，營造出獨特的魅力。就像來到一家可以品嚐美食的酒吧。是約會、姊妹淘聚會的好選擇。

烏丸

數家 ISHIKAWA

MAP P.72D-3
☎ 075-344-3440

地京都市下京區高倉通四条下ル高材木町221-2 營 17:30 ～ 23:00（週日～22:00）休 不定休 交 阪急烏丸站出站後步行 1 分鐘 P 無

1 在油豆腐裡塞入銀杏等 9 種配料的福寶（630日圓）。**2** 京番菜的必備菜色鯡魚茄子（530日圓）。**3** 鐵板香煎高湯蛋捲（420日圓）。

能在祇園以最實惠的價錢品嚐的家常好味

位在祇園白川附近，一走入餐廳感覺就好像回到家。以老闆娘親手製作京都傳統家庭番菜料理為中心，每一口都是感動人心的好味道。雖然地處祇園，但價格高貴不貴。日本酒三杯組合（1050日圓）。

祇園

登希代

MAP P.27B-1
☎ 075-531-5771

地京都市東山區大和大路通新橋上ル元吉町42 營 17:30 ～ 22:00 休 不定休 交 京阪祇園四條站出站後步行 5 分鐘 P 無

夜景美食

成名原因

被譽為「京都夏日風情畫」的鴨川納涼床、饒富意趣的町家、小巷餐廳等，總是越夜越美麗。不妨來感受一下夜晚才體驗得到的京都風情。

鴨川納涼床

美酒佳餚讓夜景更加如夢似幻

夕陽落下後，京都街頭巷尾的路燈都熱情招手，歡迎大家「來坐啊！」。若是5～9月，就能一邊吹著河邊涼風，一邊享受著美酒佳餚的夏季限定鴨川納涼床。

此外，町家、小巷等別具風情的地理位置，以及深受當地居民喜愛的居酒屋，都是來京都才能感受得到的夜生活。

一邊聽著鴨川的潺潺流水聲，一邊喝著葡萄酒、雞尾酒，盡情享受奢侈時光。

合菜 5000 日圓起。單點加前菜 3000 日圓，春捲 1500 日圓等。

設置在河畔的座位區，更能享受悠閒氣氛。彷彿置身居酒屋，而深獲顧客好評。

京都鴨川俱樂部 `河原町`

MAP P.72F-3 ☎075-353-2258

利用曾為民宿的町家改建而成的義式餐廳。曾到義大利進修的主廚烹調出的各式料理，可搭配葡萄酒一同品嚐。

地京都市下京区木屋町通仏光寺上ル天王町 151 營 18:00 ～最後點餐凌晨 1:00、週日、國定假日～ 24:00（若營業隔日碰到國定假日則至 1:00）休不定休 交阪急河原町站下車步行 3 分鐘 P 無

東華菜館 本店 `河原町`

MAP P.72F-3 ☎075-221-1147

由大正時代的洋館改建而成的北京料理餐廳。擁有多達 120 席的寬敞河邊座位區，供應的菜色與餐廳一致。

地京都市下京区西石垣通四条下ル斎藤町 140-2 營 11:30 ～ 21:30 休全年無休 交阪急河原町站出站後步行 1 分鐘 P 無

先斗町 百練 `河原町`

MAP P.72F-2 ☎075-255-4755

知名居酒屋「百練」的姊妹店。能坐在河畔座位區大快朵頤知名的湯豆腐、赤平盆鍋以及番點套餐、單點菜色。

地京都市中京区先斗町通三条下ル橋下町 133-1 エメラルド会館 1F 營 17:00 ～最後點餐 22:30 休 全年無休 交京阪三條站出站後步行 3 分鐘 P 無

京都美食〔夜景美食〕

巷弄

居酒屋

町家

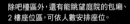

除吧檯區外，還有能眺望庭院的包廂、
2 樓座位區，可依人數安排座位。

能品嚐到每天都從細心熬煮高湯開始
的黑輪（1 個 110 日圓）。

讓人能盡享當季美味的夜間套餐，共有
13 道（1 萬 4580 日圓，服務費另計）。

Bar K 家 別館 　河原町
MAP P.72E-2 ☎075-255-5244

位於帶有穩重氛圍町家內的正統酒吧。
當季水果雞尾酒（950 日圓起）等，酒
類與菜色都相當豐富。

地京都市中京区麩屋
町通三条上ル下白山
町 297 營 18:00 ～隔
日凌晨 2:00 休週三 交
地下鐵京都市役所前
站出站後步行 3 分鐘
P 無

壽海 府廳前店 　京都御地周邊
MAP P.92F-3 ☎075-213-1277

深受當地居民喜愛的居酒屋。能以經
濟實惠的價格，享用到曾擔任過日本
料理主廚的老闆精心烹調的料理。

地京都市上京区丸太
町通新町東入ル春帶
町 355-4 營 17:00 ～
23:00 休不定休 交地
下鐵丸太町站出站後
步行 3 分鐘 P 無

MOTOï 　京都御地周邊
MAP P.51A-3 ☎075-231-0709

包含日式庭院，佔地約 100 坪的舊宅邸，
改造成兼具時尚美感的空間。在洗鍊空
間內，享用創意十足的法式料理套餐。

地京都市中京区富小
路通二条下ル俵屋町
186 營 12:00 ～ 13:00、
18:00 ～ 20:00 休週三、
四 交地下鐵京都市役
所前站出站後步行 10
分鐘 P 無

懷舊咖啡館

伴隨京都歷史一路走來的喫茶店，自古以來就是京都在地人的休憩場所。來到這個不惜成本重金打造的空間，感覺整個時間都慢了下來。

重回美好的往日時光

創立於 1934 年，以豪華客船為設計理念的室內空間，被指定為日本國登錄有形文化財。圓形屋頂、彩繪玻璃、蒙娜麗莎的複製畫等，營造出一

生乳酪蛋糕
600日圓

最有名的蛋糕，若搭配咖啡則為 1150 日圓。

FRANCOIS 喫茶室

MAP P.72F-3　　河原町

☎075-351-4042

地京都市下京区西木屋町通四条下ル船頭町 184　營10:00～23:00（最後點餐 22:45）休夏季、12 月底～1 月初 交阪急河原町出站步行 1 分鐘 P無

染上蔚藍色彩的幻想空間

店內裝飾的彩繪玻璃、雕刻，都以「讓女性看起來更漂亮」的藍色為主調，營造出充滿復古氛圍的室內空間。店內裝飾、器皿、菜單也都相當懷舊。

喫茶 SOIREE

MAP P.72F-3　河原町

☎ 075-221-0351

地 京都市下京区西木屋町通四条上ル真町 95　營 13:00～最後點餐 18:45（果凍售完為止）休 週一（若遇國定假日則改隔日休）交 阪急河原町步行 1 分鐘 P 無

1 安靜到無法想像自己其實身在鬧區。2 咖啡館小片也充滿濃烈懷舊風格。

果凍賓治
700 日圓
檸檬口味的蘇打水上飄浮著如寶石般閃爍的果凍、水果。

充滿異國氛圍的優雅空間

與 80 多年前創業當時大同小異的室內裝潢，是第一代老闆以歐洲印象設計的。盡情享受這隨著時光流逝更增添其魅力的空間吧！

維也納咖啡
650 日圓
招牌咖啡上層的奶泡是由上等純生奶油輕打而成。

築地　河原町

MAP P.72F-3

☎ 075-221-1053

地 京都市中京区河原町四条上ル一筋目東入ル 營 11:00～18:00 休 全年無休 交 阪急河原町站出站後步行 2 分鐘 P 無

從火柴盒的古典包裝也能感受到其悠久歷史。

精心製作的美食，打動人心

自 1932 年創業以來，鬆餅、雞蛋三明治等喫茶店美食，都是店內工作人員辛苦的結晶。午餐時間，2 樓提供的正統西餐也很受歡迎。

鬆餅
650 日圓
每片鬆餅都用鐵板用心煎出來，口感鬆軟卻很真材實料。

SMART 咖啡店

MAP P.72E-2　河原町

☎ 075-231-6547

地 京都市中京区寺町通三条上ル天性寺前町 537 營 8:00～19:00、2F 的午餐時間為 11:00～14:30（最後點餐）休 午餐週二休 交 京都市役所前站步行 2 分鐘 P 無

咖啡是自家烘焙。

京都甜點

成名原因

隨處可見和菓子老店的京都，就連甜點也擁有超高水準。嚴選素材製成的甜點，都擁有為之著迷的細膩口感。

琥珀流 各660日圓
寒天細緻的口感，入口即化。與蜜汁的酸甜口感，搭配得恰到好處。

造型如蛋糕般可愛的飾羹

梅園茶房 　西陣

MAP P.92E-1 ☎075-432-5088

以烤糯米糰子等聞名的日式甜點店所推出的全新名品就是飾羹。寒天搭配蕨粉打造出的滑嫩口感，平時都會提供8～10種口味。

飾羹 320日圓〜	地京都市北区紫野東藤ノ森町11-1 營
除了照片裡的紅茶，還可搭配檸檬或季節限定的芒果、藍莓汁。	11:30～18:30（最後點餐18:00）休不定休 交市公車大德寺前下車後步行5分鐘 P無

賞味期限只有20分鐘的蕨餅

茶寮寶泉 　下鴨神社周

MAP 拉頁·京都街道C-2
☎075-712-1270

日式紅豆糕餅店「寶泉堂」開設的茶寮。點餐後要15分鐘才上桌的手工蕨餅，口感Q彈。

蕨餅 1100日圓	地京都市左京区下鴨西高木町25 營
第一口可先品嚐原味，再灑上黃豆粉感受其樸實風味。	10:00～16:45（最後點餐）休週三、四（遇國定假日則隔日休）交市公車下鴨東本町出站後步行3分鐘 P 6台

大極殿本舖六角店 甘味處 栖園

烏丸

MAP P.72D-2
☎075-221-3311
地京都市中京区六角通高倉東入ル堀之上町120 營10:00～17:00（販售9:00～19:00）休週三 交地下鐵四條站出站後步行7分鐘 P無

展現四季特色，滑嫩彈牙的寒天

於1885年創業的和菓子店「大極殿本舖」所開設的甜點店。讓許多人慕名前來的就是這碗超受歡迎的「琥珀流」。在滑嫩的寒天絲上，淋上店家以當季食材製成的蜜糖水，是這款甜品的最大特徵。每個月的糖水都不一樣。3月是甜酒、7月是薄荷、10月是栗子……讓人品嚐到四季不同的變化。

蕨餅的Q彈口感，讓人為之著迷

遊形 SALON DE THE

河原町

MAP P.72E-1 ☎075-212-8883
由世界知名的高級旅館「俵屋」直營的茶點沙龍。使用本蕨粉製成的蕨餅，就像嬰兒臉頰般軟嫩Q彈。

蕨餅（附煎茶）
2050日圓
以九州產蕨粉與染井名水製成，上桌前會灑上滿滿黃豆粉。

地京都市中京区中白山町288-14 營11:00～18:00（最後點餐）休週二 交地下鐵京都市役所站出站後步行2分鐘 P無

可依個人喜好選擇的5種糖漿

二條若狹屋 寺町店

河原町

MAP P.51B-3 ☎075-256-2280
擁有超過百年歷史的京都菓子店姊妹店。一年四季都能品嚐到的剉冰，可親手將五色糖漿淋在口感綿密的冰上。

彩雲
1512日圓
從左至右分別是甘酒、奇異果、西瓜、橘子、麥芽糖（依季節更換口味）。

地京都市中京区寺町二条下ル榎木町67 營10:00～17:00 休週三 交地下鐵京都市役所站出站後步行5分鐘 P無

總覺得旅行時吃到的早點比平常好吃太多了。若用的是京都當地特產，又能欣賞到京都美景的話，就更好不過了。起個大早，到心儀的餐廳大快朵頤吧！

早餐 2500日圓
8:00～、9:00～，分兩梯次
除了白飯、湯品之外，還可以挑選自己喜愛的菜色，份量也能自行搭配。

丹 tan　南禪寺周邊
MAP P.50D-3
☎075-533-7744
地京都市東山區五軒町106-13 營8:00～、9:00～，分兩梯次 休週一（遇國定假日則隔日休）交地下鐵東山站出站後步行1分鐘 P無

1 天氣好時，會開放寬廣的入口處供人用餐。2 可到二樓，喝一杯飯後咖啡。

土鍋白飯搭配蔬菜，喚醒沉睡的身體

位於閑靜的白川沿岸。早餐是在長桌上擺滿各種大鍋菜，讓客人們彼此分著吃。盡情享用越嚼越香甜的自家產稻米、使用丹後食材烹煮而成的蔬菜料理，以及自家產納豆。

晨間套餐
8:30～12:00
麵包想搭配沙拉或水煮蛋都可以自行挑選，讓人吃得心滿意足。

奶油吐司與咖啡的完美搭配　下鴨神社周邊
COFFEE HOUSE maki
MAP 拉頁·京都街道 C-2
☎075-222-2460
位於柳町，長年以來都以自家烘焙咖啡擁有超高人氣。奶油吐司搭配咖啡，在女性客人之間大受好評。
地京都市上京區河原町今出川上ル青龍町211 營8:30～19:00 全年無休 交京阪出町柳站步行5分鐘 P4台

京都早餐1440日圓
7:00～10:30（最後點餐）
牛角麵包充滿溫暖的奶油香氣，加上原創咖啡的組合，非常完美！

咖啡名店之光，豪華西式早點　烏丸
INODA 咖啡 本店
MAP P.72D-2
☎075-221-0507
京都最具代表性的咖啡館所提供的早餐也很特別。厚切火腿與炒蛋，再搭配本店最引以為傲的咖啡等飲料。
地京都市中京區堺町通三条下ル道祐町140 營7:00～19:00 休全年無休 交地下鐵烏丸御池站步行5分鐘 P有合作停車場

早餐 2700日圓
7:30～13:30（最後點餐）
超下飯的生腐皮切片、湯、小魚干與醃漬物，每道菜都可以加點。

使用精選食材，用心製作出的豐盛早餐　祇園
朝食 喜心 Kyoto
MAP P.27C-1
☎075-525-8500
用土鍋煮出來的飯與3選1的湯品。雖然菜色不多但經過精挑細選，讓人品嚐得到食材原味與烹調的用心。
地京都市東山區小町町555 營7:30～最後點餐13:30 休週四（有活動時照常營業）交地下鐵祇園四條站步行5分鐘 P無

金閣寺
北野天滿宮

前往周邊景點的交通方式
與時間規畫

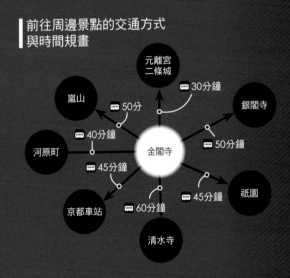

元離宮
二條城

🚌 30分鐘

嵐山

🚌 50分

銀閣寺

🚌 40分鐘

🚌 50分鐘

河原町

金閣寺

🚌 45分鐘

🚌 45分鐘

祇園

京都車站

🚌 60分鐘

清水寺

金閣寺・北野天滿宮

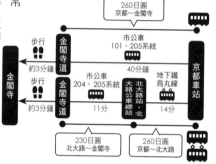

在巷弄間體驗京都日常

本區擁有金閣寺、龍安寺、仁和寺三大世界遺產，學問之神——北野天滿宮也近在咫尺，是遊客必去的觀光景點。從大馬路轉進上七軒的花街，就能聽到從町家傳來的西陣織布聲。走到鞍馬口的話，還能到懷舊大澡堂享受難得的晨浴體驗。

雖然此區有許多不容錯過的觀光景點，但鎖定一至兩個，逛完後再到周邊逛逛，也是不錯的選擇，可藉此機會體驗京都的生活日常。

	260日圓 京都～金閣寺	
金閣寺道	市公車 101、205系統	京都車站
步行 約3分鐘	40分鐘	地下鐵烏丸線
金閣寺道	市公車 204、205系統	北大路公車總站・北
步行 約3分鐘	11分	14分
	230日圓 北大路～金閣寺	260日圓 京都～北大路

還有許多特色景點

【還有這樣的玩法喔！】

住持親自傳授的素齋料理教室

妙心寺塔頭的東林院（→P.103）會在寺裡舉辦素齋料理教室。不妨來此享受親手烹煮的美味素菜。

前往京都最古老的花街

鄰近北野天滿宮的上七軒（→P.107）是京都五大花街裡歷史最悠久的。上七軒歌舞練場會舉辦由藝舞妓負責接待的露天啤酒廣場，輕鬆體驗道地花街氛圍。

每月25日是「天神日」

若是想要參訪北野天滿宮的話，可以選擇25日上午。這天是聚集了包括古道具、食品等約300家攤販的門前市「天神日」，不妨來此享受挖寶的樂趣。

在船岡溫泉享受晨浴時光

早上8點開始營業，擁有百年歷史的浴場（→P.107）。來泡泡日本首座通電浴池，讓你一大早就能獲得滿滿的元氣！

若想在容易塞車的地方暢行無阻

【交通指南】

步行

想前往仁和寺～龍安寺～金閣寺的話，可以走絹掛之路。接著再南下，前往平野神社、北野天滿宮都是不錯的選擇。

京都市公車

往「金閣寺」的公車總是擠滿了人。因此，可選擇御室方面（仁和寺）的公車。通往絹掛之路的59系統的公車也很方便。

嵐電

從北野白梅町搭乘嵐電，可前往妙心寺、仁和寺以及嵐山等地。沿途可透過車窗欣賞穿越京都大街小巷的街頭景致。

因為必看景點眾多……

【安排行程的訣竅！】

1 想參訪世界遺產的話，可先排好優先順序

金閣寺、仁和寺、龍安寺與世界遺產都聚集於此。各景點周邊也有許多不容錯過的景點，可以多留點時間走走逛逛。規畫行程時，可依非看不可的寺院為中心來安排。

2 絹掛之路可搭計程車或公車

連接金閣寺、仁和寺、龍安寺三個世界遺產，長約2.5公里的「絹掛之路」。金閣寺～龍安寺步行18分鐘，龍安寺～仁和寺約11分鐘。可利用59系統的公車或計程車。

3 在西陣的巷弄裡，體驗京都的日常生活

北野天滿宮周邊的「西陣」，現今仍保存著傳統的西陣織業與長屋，維持著舊時的生活模式。隨意地走在非觀光景點的巷弄裡，也是趣味十足。

沉醉於饒富哲理的庭園美景

2 龍安寺

以在白沙上擺設 15 顆自然石之枯山水造景——方丈庭園最具名氣。無論站在何處，都無法看到所有石頭的設計，隱含的「重新檢視不完美的自己」的寓意。

> ▶ P.98

富麗堂皇的樓閣

1 金閣寺（鹿苑寺）

由足利義滿所搭建的山莊，可視為北山文化代表的瓊臺玉閣。結合了寢殿造、武家樣式、禪宗樣式三種建築風格的金閣（舍利殿），映照在鏡湖池上的倒影「逆金閣」也相當典雅堂皇。無論是新綠、紅葉、雪景，四季皆美景。

> ▶ P.98

❗ 注意事項

每月25日人山人海！

每月 25 日北野天滿宮舉辦天神日時，前往此區的公車也是擠得水洩不通。若不想敗興而歸，時間別抓太緊。

公車、汽車都能行駛其中的絹掛之路

連結三大世界遺產的絹掛之路，除了市公車，也有許多人會開車前來，交通流量相當大。但道路不是很寬，一定要多加留意。

遇到下雪的日子，金閣寺會非常熱鬧

許多人都想一睹金閣寺的美麗雪景，因此人潮反而比平常多很多。若剛好趕上的話，一定要小心腳步。

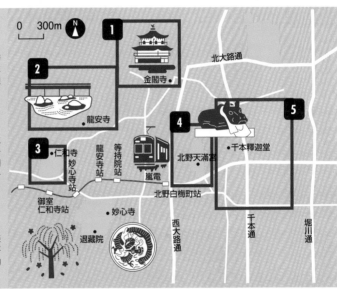

0　300m　N

1 金閣寺
2 龍安寺
北大路通
3 仁和寺　妙心寺
龍安寺站　等持院站
御室 仁和寺站
4 北野天滿宮
5 千本釋迦堂
嵐電
北野白梅町站
退藏院
妙心寺
西大路通
千本通
堀川通

京都的日常也很美

5 西陣

多棟超過百年歷史的長屋，櫛比鱗次的西陣。漫步其中仍聽得到陣陣織布聲，隨處可見京都的日常景致。此外，也有許多由町家改建而成的咖啡館、民宿，可說是結合了傳統與全新文化的區域。

| 絕景導覽 | 船岡溫泉 | ▶ P.107 |
| | 千本釋迦堂 | ▶ P.107 |

在三光門內迎接學問之神

4 北野天滿宮

天滿宮供奉的是學問之神。每月 25 日的天神日，從一大清早開始，就因來自四面八方的當地居民與觀光客而顯得喧嘩熱鬧。供奉日、月、星的「三光門」，以及撫摸其身上部位就能消除自己身上病痛的牛等，境內有許多值得一看的景點。

> ▶ P.106

| 絕景導覽 | 平野神社 | ▶ P.107 |
| | 上七軒 | ▶ P.107 |

宛如櫻花海

3 仁和寺

最有名的就是 4 月中旬才會絢麗綻放，比一般櫻花晚上許多的「御室櫻」。種植了約 200 棵染井吉野櫻、垂櫻等，特徵是高度較為低矮，盛開時宛如櫻花地毯。與五重塔、二王門等建築物，同為自江戶以來就深受喜愛的風景。

> ▶ P.100

絕景導覽	妙心寺	▶ P.102
	東林院	▶ P.103
	退藏院	▶ P.104

盡情享受門前美食與京都古老花街景致
沿著絹掛之路的世界遺產漫步之旅

半日 行程
大眾交通工具

絕景導覽 金閣寺～龍安寺～仁和寺～北野天滿宮～上七軒

沿著絹掛之路隨處可見世界遺產的黃金地段。基本上以步行即可，不過搭乘嵐電也別有一番樂趣。

START

12:00 多條公車路線都有停靠
市公車金閣寺道

雖然距離金閣寺最近的站牌是「金閣寺前」，但停在西大路通「金閣寺道」的公車比較多。從這邊出發比較順。

步行5分鐘

12:10 讓人讚嘆不已的華麗樓閣
金閣寺（鹿苑寺）

以足利義滿山莊的名義搭建而成，被視為北山文化代表的金閣寺。除了在陽光照射下閃閃發光的雍容之姿外，更不能錯過倒映在水面上的「逆金閣」。

▶P.98

步行5分鐘

13:00 連接三大世界遺產的觀光道路
絹掛之路

三大世界遺產的金閣寺、龍安寺、仁和寺就位於這條大道上。據傳是為滿足宇多天皇想在盛夏之際欣賞雪景的心願，在山上掛滿絹綢因而得名。

步行15分鐘

13:15 藉由庭園景致重新檢視自我
龍安寺

絕景導覽

因作者不詳而蒙上一層神祕面紗的石庭。其設計概念有諸多不同的解釋，大家可從中找出自己的答案。

▶P.98

步行10分鐘

14:15 與皇族淵源頗深的櫻花寺廟
仁和寺

絕景導覽

在廣闊的腹地裡，隨處可見御所形式建築等各式風格建物，都很值得一看。晚開的御室櫻也很有名。

▶P.100

嵐電5分鐘

15:30 品嚐剛出爐的鬆軟粟餅
粟餅所 澤屋

在北野天滿宮門前小歇一會兒。最有名的粟餅全都是店內現做。純手工的紅豆餡與香氣十足的黃豆粉，兩種口味都讓人食指大動。也可當成伴手禮帶回家。

▶P.108

步行即可抵達

絹掛之路上隨處可見世界遺產的本區，可一路從最北邊的金閣寺，走到擁有著名石庭的龍安寺以及晚開御室櫻的仁和寺。除了步行外，還可搭乘公車或計程車。就視自己的體力與時間，選擇最適合的移動方式吧！

若是搭乘同樣深受觀光客喜愛的嵐電移動至北野天滿宮的話，可到門前的茶屋小歇。品嚐完著名的粟餅後，再前往供奉菅原道真的北野天滿宮。每月25日都會舉辦天野市集，若時間可以配合的話，務必一訪。

悠閒地逛完京都最古老的花街——上七軒後，可到由大眾澡堂改建的超人氣咖啡館吃晚餐。

金閣寺‧北野天滿宮〔區域路線〕

+1 小時

魄力十足的雲龍圖
妙心寺

法堂天花板有狩野探幽所繪製的雲龍圖。龍的動作會因觀賞角度不同而有所改變。

位於佛殿北側的法堂，是妙心寺內最大的建築物。　▶ P.102

or

值得一看的兩大庭院
退藏院

景致會隨四季變化的池泉迴遊式庭院——余香苑。一到春天，肆意綻放的紅垂櫻營造出優雅的氣氛。

以紅枝垂櫻為設計概念的有機櫻花皂 400 日圓。　▶ P.104

or

千萬別錯過饒富趣味的建築物
船岡溫泉

以使用鏤空雕花技法刻成的日式欄間等，打造出豪華絢爛的風格，讓人看得目不轉睛。

內部裝潢使用的是色彩斑爛的花磚。　▶ P.107

16:15　撫摸牛塑像等待學問之神
北野天滿宮

寺內擠滿了為求考上理想學校的學生及其家人。前來參拜時，可以摸摸境內所供奉的牛塑像。　▶ P.106

👣 步行即可抵達

17:00　前往洋溢京都風情的花街
上七軒

位於北野天滿宮東側的花街「上七軒」，是京都五大花街裡歷史最悠久的。沿路富饒趣味的町家櫛比鱗次，隨處可見最具京都氛圍的景致。　▶ P.107

👣 步行20分鐘

18:00　大眾澡堂改建而成的懷舊咖啡廳
Sarasa西陣

改建自深受當地居民喜愛的大眾澡堂，並完整保留舊時氛圍的時尚咖啡廳。餐點、甜點、酒精飲料應有盡有，就在此大快朵頤一番吧！　▶ P.108

👣 步行5分鐘

GOAL　市公車大德寺前

無論從哪個角度，都有看不到的石頭！

1 絕景導覽

金閣寺

金閣寺（鹿苑寺）

MAP P.93C-1 ☎075-461-0013

1397 年，足利義滿以山莊之名興建而成。金閣（舍利殿）結合了寢殿造、武家樣式、禪宗樣式三種建築風格。曾遭到縱火，爾後於 1955 年重建完成。

地京都市北区金閣寺町 1 營 9:00 ～ 17:00 費 400 日圓 休全年無休 交市公車金閣寺道下車後步行 3 分鐘 P 250 台

最佳季節 ▶冬季雪景（12月～2月）

info 參拜前不可不知
內行人才知道的限定情報

▶有一年只公開兩次的祕佛！

不動堂裡所供奉的祕佛，據傳是弘法大師所製作的不動明王。每年只有 2 月 3 日與 8 月 16 日會特別公開。相傳有上半身或眼睛疾病的人，參拜後能不藥而癒。

▶人人皆能體驗的手抄經書有三種！

每天早上 9 點到下午 4 點，都能在庫內親手抄寫經書。內容分成「四弘誓願文」、「延命十句觀音經」與「般若心經」三種，所需時間為 10 ～ 60 分鐘。1 張 1000 日圓。

1 如鏡面般倒映著景色的鏡容池。**2** 關於知足的蹲踞，有一説是德川光圀（水戶黃門）捐贈的。**3** 將竹片交叉為菱形組合而成的獨特竹籬笆，被稱為「龍安寺垣」。

龍安寺

MAP P.93B-2 ☎075-463-2216

1450 年落成的臨濟宗妙心寺派的禪寺。擺放著 15 顆石頭的方丈庭園，是設計者不詳的神祕庭院。「吾唯足知」的蹲踞也很有名。

地 京都市右京区龍安寺御陵／下町 13 營 8:00～17:00（12/1～2 月底則為 8:30～16:30）費 500 日圓 休全年無休 交嵐電龍安寺站出站後步行 6 分鐘 P 80 台（參觀石庭者，可享 1 小時免費停車）

最佳季節　　　一年四季

在能感應到上天旨意的庭院，重新省視自己

\ CHECK ❷ /

眾說紛紜的石庭解釋

充滿謎團的石庭，其相關解釋也五花八門。可能是數字亦或是漢字……沒有正確答案，端看你如何詮釋！

解釋 1 代表好兆頭的「七五三之庭」？

從主石望出去，配置方式剛好是以七、五、三顆石頭。因此有依據象徵好兆頭的七五三來擺放的說法。

解釋 2 用石頭排出「心」字。

有一說是沿著石頭的位置可以寫出「心」字。日本庭園裡有許多以心為設計概念搭建而成的「心字池」。

該怎麼欣賞呢？

擺放著 15 顆石頭卻充滿謎團的石庭

年代與作者都不詳，蒙上一層謎樣面紗的方丈庭園（石庭）。在白沙鋪成的海面上，佇立著 15 顆石頭，宛如一座無限的世界。放下一切雜念用心觀看，試著想像作者的創作理念吧！

\ CHECK ❶ /

確認石庭的觀賞方式

從長廊中央眺望整體景致的話，可自左手邊的主石開始依序向右觀賞這 15 顆石頭。以主石為源頭，試著想像這是一道潺潺流水。

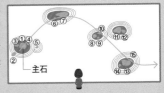

自江戶時代便深受喜愛
晚開的櫻花名勝

888 年創建的真言宗御室派總本山。境內的五重塔和二王門是建立於江戶時期的建築物,而同時期所種植的御室櫻也十分知名。

地京都市右京区御室大内 33 營 9:00～16:30(12 月～2 月底至 16:00)費御殿 500 日圓 休全年無休 交市公車御室仁和寺下車後步行 1 分鐘 P 100台(須付費)

最佳季節　　櫻花(4 月中旬)

info 低矮的「御室櫻」是
全京都最晚開的櫻花

有染井吉野櫻、垂櫻等約 200 棵櫻花樹盛情綻放的仁和寺。中門內側有被稱為「御室櫻」的櫻花樹,4 月中旬才會滿開。

較為低矮也是其特徵。這是因為周邊的土壤屬於黏土質,造成樹根不易深入地表的緣故。

不只有櫻花！
知名建築與佛像
仁和寺是國寶寶庫

與皇族淵源頗深的仁和寺，寬廣的境內擁有壯麗的御所形式建築、被指定為國寶的佛像等眾多必看景點。

【建築】（重文為「重要文化財」）

重文 二王門

高 18.7 公尺的入母屋造、本瓦葺。和樣大門則繼承平安時代傳統，正面左右兩側則為阿吽二王像。

宸殿

與御所的紫宸殿一樣，使用檜皮葺、入母屋造的建築技巧。內有三間房間，裝飾有源在泉所繪的襖繪與壁畫。

國寶 金堂

是由京都御所的紫宸殿移建而成，是現存最古老的紫宸殿建築。堂內安奉了四天王像、梵天像。

重文 五重塔

1644 年時建造。總高度 36.18 公尺，塔內供奉了大日如來。特徵為看不出各層塔高有所差異。

【佛像】

國寶 阿彌陀如來坐像

是創建當時的本尊，目前安座於靈寶館內。使用一本造（以一根木頭刻成）的雕刻技術，帶給人柔和平靜的氛圍。春秋兩季的名寶展時會對外開放。

【繪畫】

國寶 孔雀明王像

描繪的是明王盤坐在孔雀上的樣貌。特徵為多層次背景與細膩手法為的宋佛畫經典之作。

花 2 小時就能走完的巡禮之旅
御室八十八所靈場

相傳起源自古時完成巡禮之人以從四國八十八所靈場帶回來的沙，興建了仁和寺後山的祠堂之說。長約 3 公里的巡禮路程，走路約 2 小時。

4 絶景導覽

金閣寺周邊

妙心寺

MAP P.93B-3 ☎075-461-5226

1337年，花園法皇下令將離宮改建為禪寺。法堂天花板的雲龍圖出自狩野探幽之筆，國寶梵鐘則是日本歷史最悠久的。

🏠京都市右京区花園妙心寺町1 🈳 境內自由參觀。法堂、浴室9:10～11:50、12:30、13:00～16:40（11～2月則為13:00～15:40），每20分鐘有專業導覽 💰法堂、浴室500日圓 🈺全年無休 🚌嵐電妙心寺出站後步行3分鐘 🅿30台

最佳季節　　一年四季

info 擁有46座塔頭寺院，為日本最大禪寺

臨濟宗妙心寺派全國3400間寺院的大本山，並擁有46座塔頭，是日本最大的禪寺，退藏院等也頗具知名度。

5 絕景導覽

金閣寺周邊

東林院

MAP P.93B-3 ☎075-463-1334

妙心寺塔頭。因能在此欣賞到沙羅雙樹而聞名。一般不對外開放，但舉辦6月的「沙羅花愛好會」或1月的「小豆粥慶初春會」等活動會開放。

地京都市右京区花園妙心寺町59 休平時未開放 交市公車妙心寺下車後步行6分鐘 P無

最佳季節	舉辦沙羅雙樹活動的6月

▌還能試做素齋料理

來參加每週二、五舉辦的素菜料理教室（1位3500日圓）！

❶ 老師是寺廟住持

由曾出過素菜料理食譜的西川玄房和尚親自指導。

❷ 彼此互助合作

分擔作業，效率更好！和尚們會親自示範。

❸ 品嚐成品

自己動手做2～3道素菜，再加上住持烹調的數道菜色，就大功告成了。

還能住在寺廟裡

住宿一晚並提供2餐素齋的費用為6480日圓，相當經濟實惠，並附有冷暖氣！

春
夏

6 絶景導覽

退藏院

金閣寺周邊

MAP P.93B-3 ☎075-463-2855

妙心寺塔頭。據傳是狩野元信所打造
的枯山水庭園，以及四季的錦繡花園
所妝點出昭和時期的池泉迴遊式——
余香苑，是絕對不容錯過的景點。也
收藏了國寶「瓢鮎圖」。

地京都市右京区花園妙心寺町 35 營
9:00～17:00 費 500 日圓 休全年無休
交市公車妙心寺下車後步行 3 分鐘 P
30 台 也可使用花園會館停車場

最佳季節 ｜ 一年四季

春夏秋冬錦簇美景所環繞
妙心寺是首屈一指的古剎

金閣寺・北野天滿宮〔絕景名勝導覽〕

抹茶 500 日圓　，還附贈退藏院
才吃得到的「麻糬銅鑼燒」。

info 每月 25 日的最大樂趣
御緣日「天神市」。

於菅原道真的忌日所舉辦，通稱「天神日」的日子。市集從早上 6 點開始，想挖寶的話，可以中午之後來。

對學問之神的敬愛
傳承至今的寺廟

7 絕景導覽

北野天滿宮

北野天滿宮

MAP P.92D-2 ☎075-461-0005

創立於 974 年，是全日本供奉菅原道真的天神社、天滿宮的總本社。而菅原道真又被稱為學問之神。境內有一座綻放白梅、紅梅的梅苑

地京都市上京区馬喰町 營 4 月～9 月為 5:00 ～ 18:00、10 月 ～ 3 月 則 為 5:30 ～ 17:00 費境內自由參觀 休全年無休 交市公車北野天滿宮前下車後步行 1 分鐘 P 300 台

最佳季節 梅花（2月～3月）

天滿宮境內擁有許多不容錯過的景點

夜空的北極星在正上方閃爍著的三光門，以及別具特色的本殿。除了天神市、梅花祭等活動外，也可到擁有眾多傳說、謎團的境內走走逛逛。

紅葉苑

境內西側有座天然森林，秋天可一口氣欣賞到約 350 株的紅葉美景。

牛塑像

境內供奉了十數頭的牛塑像。若是哪裡不舒服，據說撫摸牛的相同位置就能痊癒。

御本殿

以八棟造建築著稱的國寶。本殿與拜殿側邊設有樂之間的複雜設計。

三光門

聳立在樓門與拜殿之間的中門。三光代表的是日、月、星。

絕景導覽 8

船岡溫泉

西陣

MAP P.92E-1 ☎075-441-3735

曾是於 1923 年落成的料理旅館「船岡樓」附屬大澡堂，完整保存了當年復古氛圍的大眾澡堂，更擁有日本首座通電浴池。

地 京都市北區紫の南舟岡町 82-1 營15:00～隔天凌晨 1:00 休全年無休 費430日圓 交市公車千本鞍馬口下車後步行 3 分鐘 P 90 台

info 僅限週日！

早上 8 點泡澡去吧

一般來說澡堂多半是下午才營業，但在京都有許多能在週日一早享受「泡澡樂趣」的大眾澡堂。船岡溫泉週日也是從早上 8 點就開始營業。泡澡後，在鞍馬口通上的咖啡館、甜點店晃晃也很不錯。

1 更衣室天花板刻有天狗與若丸。2 被刻了葵祭等花樣的欄杆所包圍。

絕景導覽 10

平野神社

北野天滿宮周邊

MAP P.93C-2 ☎075-461-4450

自江戶時代起，就以「平野夜櫻」遠近馳名。境內擁有平野妹背、寢覺櫻等約 60 種、400 株櫻花樹。

地京都市北區平野宮本町 1 營6:00～17:00 休全年無休 費境內免費參觀 交市公車衣笠校前下車後步行 3 分鐘 P 20 台（4月 9 日、10 日不開放）

絕景導覽 9

千本釋迦堂（大法恩寺）

西陣

MAP P.92D-2 ☎075-461-5973

本堂（國寶）是京都市內最古老的木造建築。供奉了本尊釋迦如來坐像、十大弟子像等。也是阿龜面具的發祥地。

地京都市上京區今出川七本松上ル 營9:00～17:00 休全年無休費 600 日圓 交市公車上七軒下車後步行 3 分鐘 P 10 台

絕景導覽 12

今宮神社

大德寺周邊

MAP P.92D-1
☎075-491-0082

為祈求無病息災所建造的神社。據說只要輕輕撫摸神占石「阿呆賢」就能美夢成真。

地京都市北區紫野今宮町 21 營境內自由參觀 休全年無休 交市公車今宮神社前下車後步行 1 分鐘 P 44 台（須付費）

info 這裡才有的金龜婿護身符！

想嫁個金龜婿，來這拜拜準沒錯！別忘了求個金龜婿護身符帶回家喔。

絕景導覽 11

上七軒

北野天滿宮周邊

MAP P.92D-2

京都五大花街中歷史最悠久的花街。始於室町時代，以興建北野天滿宮剩下的木材搭建出的七家茶屋。

交市公車上七軒下車後步行 1 分鐘

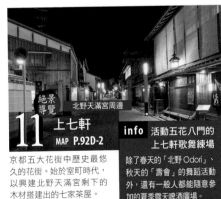

info 活動五花八門的上七軒歌練場

除了春天的「北野 Odori」、秋天的「壽會」的舞蹈活動外，還有一般人都能隨意參加的夏季露天啤酒廣場。

蕎麥屋Nicolas

MAP P.92E-2 ☎075-431-7567

在時尚的町家建築裡享用美味餐點。原料來自農家直送的新蕎麥，每日限量磨粉、製麵。蘿蔔泥蕎麥麵1180日圓。

地京都市上京区五辻町 69-3 營11:00～14:30、17:30～21:00 休週三，以及每月第1、3個週二 交市公車今出川淨福寺下車後步行3分鐘 P2台

Kitchen Papa

MAP P.92D-2 ☎075-441-4119

老米店經營的西餐店。菜單包括漢堡排＆炸蝦套餐1280日圓等。可免費續加剛經過精米手續的新鮮白飯！

地京都市上京区上立売通千本東入姥ヶ西町591 營11:00～最後點餐 14:00、17:30～最後點餐 20:50 休週四 交市公車千本上立賣下車後即可到達 P無

CRICKET

MAP P.93C-2
☎075-461-3000

在京都中央批發市場開店的店長所開的水果輕食餐廳。外表迷人的水果三明治（1200日圓），好吃到讓人想落淚！

地京都市北区平野八丁柳町 68-1 サニーハイム金閣寺 營10:00～18:00 休週二不定休 交市公車衣笠校前下車後步行3分鐘 P無

Sarasa西陣

MAP P.92E-1
☎075-432-5075

由80年以上歷史的大眾澡堂改建而成。在完整保存舊時氛圍的咖啡館內，盡情享受悠閒時光。Sarasa聖代 700日圓。

地京都市北区紫野東藤ノ森町11-1 營12:00～22:00 休不定休 交市公車大德寺前下車後步行5分鐘 P2台

喫茶靜香

MAP P.92D-2
☎075-461-5323

1937年創業。在風格獨特的空間裡，品嚐最受歡迎的水果三明治（650日圓）與熱咖啡（450日圓）。

地京都市上京区今出川通千本西入南上善寺町164 營9:00～18:00（最後點餐 17:30）休週三（若遇國定假日或25日則照常營業）交市公車千本今出川下車後即可到達 P無

御室Sanowa

MAP P.93A-2
☎075-461-9077

在日式空間裡，享用種類豐富且經過細心沖泡的日本茶。記得再加點一份奧地利烤甜點 Sanowa（290日圓）嚐嚐！

地京都市右京区御室堅町 25-2 營10:00～17:30 休週一 交嵐電御室仁和寺站出站後步行5分鐘 P1台

Kakukame

MAP P.93A-2
☎075-462-7008

店裡賣的是由口金零錢包匠師──小西美數親手製作的口金雜貨。錢包、化妝包等商品的花樣與設計各有特色。

地京都市右京区宇多野北ノ院町14 營12:00～17:00（週日於課程結束後營業）休週一～四、不定休 交市公車御室仁和寺下車後步行2分鐘 P無

粟餅所 澤屋

MAP P.92D-2
☎075-461-4517

以店內現搗麻糬，包上風味絕佳的紅豆餡與香氣十足的黃豆粉製成的粟餅，3顆450日圓。

地京都市上京区北野天滿宮前西入ル南側 營9:00～17:00（售完為止）休週四、每月26日 交市公車北野天滿宮前下車後步行1分鐘 P無

京町家茶房 宗禪

MAP P.92E-2
☎075-417-6670

米果專賣店經營的茶房。店內最講究的甜點就是超豪華15層聖代「一重二重」918日圓。

地京都市上京区寺之内通浄福寺東角中猪熊町310-2 營10:00～18:00（茶房 10:30～最後點餐 16:30）休週一、二 交市公車今出川淨福寺下車後步行5分鐘 P2台

CAFE1001

MAP P.92E-3
☎不公開

由町家改建而成的閱讀咖啡館。提供口味清爽的巧克力薄荷甜點，如巧克力薄荷塔600日圓。

地京都市上京区泰童町288 營11:30～17:00（最後點餐 16:00）休不定期 交市公車千本中立賣下車後步行5分鐘 P無

名物名產

唐紙

不斷重複單調程序後
打造出淡雅優美的日式紙張

如其名稱所示，唐紙是發祥自中國唐朝的加工紙，平安時代由遣唐使傳回日本。

據傳京都當時已開始使用越前手漉和紙、黑谷和紙。在版木上雕上各式花紋後，再使用雲母等顏料，將花紋一張一張轉印到紙上，即為唐紙。雲母是將花崗岩的結晶磨成粉製成的，可反射光線讓紙張呈現出典雅高貴的光芒。古代的上流貴族經常用它來寫信或創作詩歌。到了近代，則用在廟宇、茶室、住家的紙門上。現代則大多用來製成便箋等文具。

唐紙工房「KAMISOE」的嘉戶浩先生說：「本店的印刷使用的是古典技術喔！」製色、轉印的作業程序都十分單純，因此和紙的素材、厚度，以及和紙與畫具的調性、平衡、手的動作等，只要有些許差異，轉印時就會呈現出不同的風情。因此，千萬別錯過曾擔任設計師的嘉戶先生發揮感性所打造的獨特設計。

附贈信封
對折卡片
1000日圓起
便箋套組
1500日圓
以幾何學為設計概念，將舊時代的唐紙賦予嶄新設計。

紅包袋（大）
1000日圓
連1萬日幣都能攤平放入的超大尺寸。此外，也售有手掌大的紅包袋（小）。

附贈信封
對折卡片
1600日圓
閃爍耀眼的光澤感，充滿奢華感。若想用在特別的日子，就非它莫屬了！

● 想買就到專賣店
西陣
KAMISOE
MAP P.92E-1 ☎075-432-8555
地京都市北区紫野東藤ノ森町11-1 營12:00～18:00 休週一、不定休 交市公車大德寺下車後步行5分鐘 P無

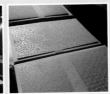

旅
×物語

世代傳承的傳統文化

探訪茶湯聖地！

美術工藝、庭院、建築都受其影響，茶道可謂是日本文化的綜合藝術。京都美學的精髓就在這兒。

取自茶道資料館 2018 年秋季特別展「酒飯論繪卷」展出的「酒飯論繪卷」（部分）。

照片提供／茶道資料館

緊緊抓住日本人內心的「茶湯」，到底是什麼？

茶湯蘊含了「侘寂」之美的意識。奈良～平安時代，遣唐使自中國將茶葉帶回日本，一開始被視為極為珍貴的藥物。抹茶法發端於鎌倉時代的榮西，而茶湯則始於室町時代自大德寺一休宗純習得禪之精神的村田珠光；爾後，千利休利用儉樸空間與茶器來款待客人的「侘茶」，更被視為茶湯之大成。

照片提供／
堺市博物館
千利休（1522～1591）被封為「天下第一茶湯者」。

京都隨處可見與千利休有淵源的地方

因利休皈依大德寺，故將墓地設在塔頭的聚光院。也留下了茶人耳熟能詳的「閑靜席」、「昨夢軒」等茶室。曾身為豐臣秀吉茶頭的利休，在 1589 年大德寺山門上層增建時，曾將自己的木像設置於閣樓。卻因「被踩在腳下」的理由激怒了秀吉，令其自死謝罪。首級則高掛於一條戾橋。除此之外，據傳晴明神社曾為利休的屋敷所在地。

激怒豐臣秀吉？
利休專用的黑茶碗

重視簡樸之美的利休，請習得中國三彩陶技術的長次郎，幫自己製作不使用轆轤的純手工樂陶碗。利休喜愛的是以黑色為底，不帶任何花紋的黑樂燒。相較於此，秀吉則厭惡陰沉的黑色，偏好華麗朱紅的樂茶碗。因為如此，利休與秀吉兩人漸行漸遠。

樂美術館
MAP P.92F-3 ☎075-414-0304

地京都市上京区油小路通一条下ル ❷ 10:00～16:30 休週一（國定假日照常開館）換展期間 費依展覽會有所調整 交市公車堀川中立賣下車後步行 3 分鐘 P 4 台

3 代道入 黑樂茶碗
銘 青山。

輕鬆一窺茶湯世界

茶道總是被認為「入門門檻很高」，但只要來到位於裏千家中心的「茶道資料館」就能輕鬆體驗。此外，館內也展示了茶碗等茶道具、美術工藝品。

展覽期間可免費品茶，歡迎來此品嚐抹茶與和菓子。

茶道資料館
MAP P.92F-2 ☎075-431-6474

地京都市上京区堀川通寺之內上ル寺之內竪町 682 裏千家センター內 ❷ 9:30～16:30（入館、奉茶至～16:00）特別展覽 1000 日圓、一般展覽 700 日圓 交市公車堀川寺之內下車後步行 3 分鐘 P 3 台

AREA
GUIDE

嵐山

前往周邊景點的交通方式
與時間規畫

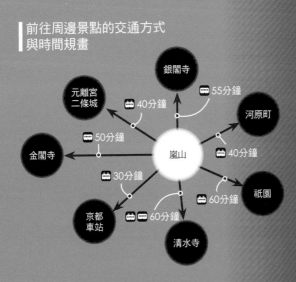

銀閣寺

元離宮
二條城

🚃 40分鐘

🚃 55分鐘

河原町

金閣寺

🚃 50分鐘

嵐山

🚃 40分鐘

🚃 30分鐘

🚃 60分鐘

祇園

京都
車站

🚃🚃 60分鐘

清水寺

北段町

深谷町
平野屋 P.124

嵐高雄parkway

化野念佛寺 P.124

鳥居本

化野井和井 和雜貨

小坂町

有心堂

山町

博物館嵯峨野人形之家

壇林寺卍

P.122 祇王寺

瀧口寺卍

P.125 厭離庵
MOMICAFE

久遠寺卍

P.121,130 二尊院

P.125 落柿舍

P.121,130 常寂光寺

JR山陰本線(嵯峨野線)

小倉山隧道

嵯峨野觀光鐵道

保津川遊船 P.125
(於龜岡市搭乘)
嵐山妙見堂卍

千光寺卍

元錄山町

西京区

鳥居本八幡宮卍
護法堂辨天前

清瀧道

靈源寺卍

大覺寺道

愛宕古道街道燈(每年8月23日、24日的活動)

宮崎神經科

卍證安院

P.125 寶筐院

每年5月第3、第4個週日舉辦

京·嵯峨乃總本家
大文字屋

P.121,130 清凉寺

齋宮行列

P.122,127,130 野宮神社

竹林之道 P.120

P.24,116 天龍寺

多寶殿

松藤寺卍

慈濟院

P.81,117,126 精進料理 篩月

P.117 寶嚴院

P.126 松籟庵

P.130 嵯峨嵐山文華館
Ranzan

P.118 茶寮 八翠

翠嵐京都Luxury Collection Hotel

P.119 嵐山屋形船(嵐山通船)
P.126 % ARABICA 京都 嵐山

P.126 豆腐料理 松枝

惠比嘉屋嵐山總本店

旅館 花筏 Ryokan Hanaikada

民宿結庵 musubi an

岩田山公園

嵐山MONKEYPARK

P.17,123 舊嵯峨御所 大本山 大覺寺

觀月夜

觀空寺觀音堂

大覺寺卍

δ'milieu

京料理Okina

小倉山莊
嵯峨落柿舍前店

竹林小徑

安立寺卍

小火車嵐山站

虹夕諾雅京都 P.119

P.121 大河內山莊庭園

嵐山公園(龜山地區)

嵐山天龍寺前·京福嵐山站前

西山草堂

嵐山昇龍院
京漬物西利 嵐山
昇龍院店

清遊宿

新八茶屋

嵐山辦慶

良彌本通店

渡月橋

渡月亭別館 松風閣

渡月亭

民宿結庵 musubi an

法輪寺卍

大覺寺收藏庫

大澤池

北嵯峨高中⊗

京都市
右京區

大覺寺門前

P.121,130 嵯峨豆腐 森嘉 P.126

甘春堂 嵯峨野店

嵯峨釋迦堂前

天使之里 霞中庵

嵯峨嵐山站前

美食CITY

二條站

廣道町

P.125 嵯峨野小火車

嵯峨嵐山站

BINARIO飯店

鯛匠HANANA P.126

Bruce 2nd

湯豆腐Takemura

嵯峨嵐山湯

Cafe Style Resor

老松 嵐山店 P.126

嵐山Gyatei ⊗

FIRST CABIN
京都嵐山
Platz

友禪光林

嵐電嵐山本線

椎子之辻站

嵐山溫泉 驛足湯

嵐山 MITATE P.126

eXcafe 京都嵐山本店 P.126

Karan Colon

京都嵐山店

花之家

角倉町

桂川

嵐山花燈路 P.119

渡月橋 P.14,118

京·嵐山 錦

嵐山公園
中之島公園

風風湯

musubi
cafe嵐山

京都 嵐山溫泉 花傳抄

嵐山站
阪急嵐山線

阪急嵐山站前

遊月

桂站

山之下町

嵐山

大自然交織出的美景，讓人深受感動

跨越千年歲月，為眾人所熟知的觀光名勝——嵐山及嵯峨野地區，網羅了包括被列為世界遺產的天龍寺、以求姻緣著稱的野宮神社，知名賞月景點的大覺寺等觀光景點。除此之外，《小倉百人一首》也是在此編撰完成，一年四季都被優美景致所包圍。從能欣賞到自然美景的小火車、保津川遊船到各式美食餐廳，一次網羅多種樂趣，也是其魅力所在。

嵐山（區域概要）

邊享受嵐山風情邊移動【交通指南】

步行

雖然有些是公車行駛路段，但由於隨處可見富饒趣味的觀光景點。推薦大家悠閒漫步，一邊感受大自然的奧妙。

嵐電嵐山線

有部分是行駛在平面道路上，讓人體驗與眾不同的懷舊電車之旅。離天龍寺、渡月橋最近的車站是嵐電嵐山站。

JR嵯峨野線

從旅程起點——京都站出發，最快抵達嵐山的交通方式。從嵯峨嵐山站轉搭小火車，也別有一番樂趣。

因為必看景點眾多……【安排行程的訣竅！】

1 渡月橋跟竹林之道要一大早去！

因為是首屈一指的超人氣觀光勝地，人潮總是絡繹不絕！推薦大家可以選擇陽光迷人、空氣清新的早晨前往。

2 也可善用人力車跟小火車

搭上可盡情欣賞壯闊自然景色的小火車，以及由熟悉嵐山的車夫導覽的人力車，都能欣賞到有別於步行的新鮮景色。

撫慰人心的竹葉沙沙聲

2 竹林之道

> 絕景導覽　野宮神社 ▶P.122
> 大河內山莊庭園 ▶P.121
> 常寂光寺 ▶P.121

眼前一面翠綠，空氣清新自然。下午竹林內會變得較為昏暗，建議上午前往。雨後或白雪景致也相當優美。

BEST 絕景

▶P.120

嵐山的象徵

1 渡月橋

> 絕景導覽　豆腐料理 松枝 ▶P.126
> 茶寮 八翠 ▶P.118

能欣賞到隨四季變化的春花、新綠、紅葉、雪景等嵐山美景的最佳景點。從下游穿過渡月橋遠眺嵐山的景致，更是美不勝收。

BEST 絕景

▶P.118

典雅的賞月名勝

5 大本山大覺寺

▶P.123

原為嵯峨天皇離宮的門跡寺院，也是知名的賞櫻、賞楓景點。

向孤魂表達敬畏之意

4 化野念佛寺

▶P.124

弘法大師空海設立的古剎，寺內聳立著高達8000座的石佛與石塔。

嵐山第一古剎

3 天龍寺

▶P.116

映照著嵐山、晴空的曹源池庭園，是日本國家史跡特別名勝第一號。

> 絕景導覽　精進料理 篩月 ▶P.126
> 老松 嵐山店 ▶P.126

四季景致都有獨特魅力的佛寺神社！
化身平安貴族，優雅漫步嵐山之旅

絕景導覽 天龍寺〜渡月橋〜竹林之道〜野宮神社〜落柿舍〜祇王寺

前往京都最具知名度的觀光勝地——嵐山與嵯峨野。感受磅礴河川與豐富綠意，大口呼吸新鮮空氣，度過優雅的一天。

START

10:00 搭乘懷舊電車抵達嵐山
嵐電嵐山站

距離主要觀光地最近的車站。周邊有許多伴手禮品店，可以先走走逛逛。也千萬別錯過京友禪圓紋圓柱裝飾而成的「友禪光林」。

👣 步行1分鐘

11:30 就用京番菜來大快朵頤一番吧！
嵐山Gyatei

最受歡迎的就是由料理旅館嵐山辨慶的廚師親手烹飪的京番菜吃到飽。京都蔬菜、豆皮、豆腐等健康食材，吃了清爽無負擔。還有琳瑯滿目的甜點！

▶P.126

👣 步行3分鐘

竹林之道

絕景導覽

凜然聳立著的綠竹林一望無際，深深療癒每個人的心。邊走邊仰望天空，從枝葉間灑落的陽光相當耀眼。仔細聆聽，能聽到竹葉摩擦時發出的沙沙聲。

▶P.120

👣 步行3分鐘

13:00 祈求良緣
野宮神社

絕景導覽

曾經出現在《源氏物語》中的古老神社。寺內還有一顆以求姻緣聞名，據說只要摸了就能實現願望的龜石。被稱為「地毯苔」的苔庭也十分值得一看。

設計優雅的御守。

▶P.122

👣 步行7分鐘

10:05 首先前往嵐山首屈一指的寺院
天龍寺

絕景導覽

穿過總門之後，在通往庭園入口的參道，春天可欣賞到櫻花，夏天看到的是青楓或放生池的蓮花，秋天則是紅葉。

魄力十足的法堂雲龍圖，特定時間才會開放參觀。務必事先確認。

▶P.116

👣 步行5分鐘

11:00 四季都想到此一遊
渡月橋

絕景導覽

沿著橋邊稍微往下游走，站定後一回頭就能看到足以象徵嵐山的景色。別忘了以宛如名畫般的渡月橋還有嵐山為背景，留下到此一遊的紀念照。

▶P.118

👣 步行3分鐘

本區網羅了包括佛寺神社、自然風景、日式午餐與咖啡館，將京都之旅的醍醐味都濃縮其中，有許多讓人忍不住拿起相機猛拍的景點。拜訪完因距離較近，觀光客較多的天龍寺、渡月橋後，可前往位於熱鬧的嵐山地區北邊的嵯峨野地區。越往北走，越能感受到沉靜閑靜的氛圍。造訪與小倉百人一首、古典文學息息相關的知名景點，欣賞足以感動人心的風景。走累了，可以改搭小火車或人力車，換個角度讓感官煥然一新。回程可先到嵐電嵐山站月台上的足湯泡泡腳，慰藉疲倦的身心。

虔誠祭拜石佛

化野念佛寺

+1 小時

由弘法大師空海在 1200 年左右開創。寶塔周邊供奉高達 8000 座石塔與石佛，是能讓人深刻體會會世間無常的景致。

▶ P.124

or

著名時代劇外景拍攝地

舊嵯峨御所 大本山 大覺寺

+1 小時

原為嵯峨天皇的離宮，能讓人感受到其格調高雅的氛圍。走在連接諸堂的迴廊，宛如化身平安時代的貴族。

無須預約，現場就能擁有最正統的抄經體驗。

▶ P.123

or

若想盡情感受大自然

嵯峨野小火車

+1.5 小時

從嵯峨野到龜岡，以時速約 25 公里行駛，能享受悠閒氛圍的觀光列車。可選擇最能感受大自然之美的櫻花與紅葉季節前來搭乘。

▶ P.125

13:30 忍不住想吟詠一句

落柿舍

在江戶時代前期大放異彩的俳人——松尾芭蕉的得意門生、名列蕉門十哲的向井去來親手搭建的草屋。佇立在田園景色彼端的草屋，樸實卻韻味十足。

絕景導覽

▶ P.125

🚶 步行7分鐘

14:00 欣賞閑寂苔庭

祇王寺

在《平家物語》裡失去平清盛寵愛的白拍子（表演傳統舞蹈的舞者）祇王隱居的尼姑庵。在綠竹與楓樹環繞下，呈現出高雅閑淡的氛圍。紅葉無論是高聳入天或散落一地，都有其別致美感。

絕景導覽

▶ P.122

🚶 步行20分鐘

15:00 到古厝咖啡館享用甜點

eXcafe 京都嵐山本店

離嵐電嵐山站不遠，改建自古厝的咖啡館。插上小巧和傘的天龍寺聖代與風情萬種的空間、庭園，都是值得拍照打卡的景點。

▶ P.126

🚶 步行即可到達

GOAL 嵐電嵐山站

京都
名勝
導覽
絕景

將雄偉壯闊的大自然網羅其中，
隨四季變化的庭院景致，
讓人為之著迷

1 絕景導覽

嵐山

天龍寺

MAP P.112B-2 ☎075-881-1235

為了弔念於南北戰亂中不幸落敗的後醍醐天皇，由足利尊於1339年所創建。名列京都五山的首位，極為興盛。

地京都市右京区嵯峨天龍寺芒／馬場町68 營8:30～17:30（10月21日～3月20日至17:00）費庭園500日圓（諸堂參拜須多加300日圓、法堂特別參拜另收500日圓）休全年無休 交嵐電嵐山站出站步行2分鐘 P120台（1天1000日圓）

最佳季節	春、秋

映照在池上的夢幻風景，讓人如癡如醉。

都想走一走！
境內不容錯過的景點

夢窗疎石所設計的曹源池庭園，被稱為「名庭中的名庭」。春天的櫻花、夏天的深綠、秋天的紅葉、冬天的雪景，各有各的美。無論何時造訪，都能欣賞到美景。法堂的「雲龍圖」有特別開放期間，想參觀的話一定要事先確認。

寶嚴院
MAP P.112B-2
☎075-861-0091
春秋兩季才有對外開放的天龍寺塔頭寺院。推薦在紅葉將知名「獅子吼庭」妝點得璀璨絢麗的秋季前來。

地京都市右京区嵯峨天龍寺芒ノ馬場町36 時9:00～17:00 費庭園500日圓 休春秋兩季特別參拜時才有對外開放 交嵐電嵐山站出站後步行5分鐘 P可停在天龍寺停車場

精進料理 篩月
MAP P.112B-2
☎075-882-9725
▶P.126
位於天龍寺內的餐廳。在此可品嚐到使用當季食材用心烹飪的素食餐點。

曹源池庭園
借景嵐山的池泉迴遊式庭園，巧妙地融合了優美的王朝文化與禪文化。

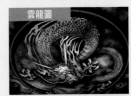

雲龍圖
不管從哪個角度看，都感覺龍在瞪著你的感覺，被稱為「睥睨八方之龍」。

連平安貴族都愛不釋手

風光明媚的極致之景

1 天氣好的話，可坐露天座位區下午茶套餐 4200 日圓（未含稅）。**2** 正對保津川的絕佳方位。

3 絕景導覽

嵐山

茶寮 八翠

MAP P.112B-3 ☎075-872-1222

位於「翠嵐京都 Luxury Collection Hotel」內的日式咖啡館。在此可優雅品味飯店手工製作的甜點與美麗景色。

🏠京都市右京区嵯峨天龍寺芒ノ馬場町 12 翠嵐 ラグジュアリーコレクション ホテル 京都 ⏰11:00〜17:00 休全年無休 🚃嵐電嵐山站出站後步行 6 分鐘 🅿️9 台（2 小時免費停車）

最佳季節	春、秋

被雄偉壯闊的大自然所包圍
以平安貴族的心情，搭乘嵐山遊船

嵐山屋形船（嵐山通船）
MAP P.112B-3 ☎075-861-0302

無論是包船或搭乘一般遊覽船，都能享受船遊的樂趣。從涼爽微風吹過的河面上望出去的景致，讓人感受到有別於陸上的趣味。

🕐 9:00～16:30（冬季至 15:00）💰兩人包船費用 3500 日圓（每增加一人則須支付 1100 日圓）、一般遊覽船 1 人1100 日圓 🚫 3 月第 2 個週二、12 月第3 個週二、12 月底～1 月初公休 ※ 視天候停駛 🚃嵐電嵐山站步行 10 分鐘即可抵達北碼頭 🅿 120 台（1 天 1000 日圓）

最佳季節	春

2 渡月橋
絕景導覽　　嵐山

MAP P.112C-3 ☎075-861-0012
（嵐山保勝會）

因為平安時代龜山上皇的「似滿月渡橋般」這句話而得名。透過渡月橋欣賞到的春、秋絢爛景色，是嵐山最具代表性的絕景。

🈺💰自由參觀 🚃嵐電嵐山站出站後步行 3 分鐘 🅿 無

最佳季節	一年四季

渡月橋夜間點燈
照片提供：京都・花燈路推進協議會

info　初冬的活動
嵐山花燈路

初冬人氣活動，位於嵯峨、嵐山地區約 5 公里的道路，在燈光與花飾妝點下，顯得美不勝收。

MAP P.112C-3 ☎075-212-8173

（平日 10:00～18:00 京都・花燈路推進協議會事務局）
http://www.hanatouro.jp/

4 虹夕諾雅京都
絕景導覽　　嵐山

MAP P.112A-2 ☎0570-073-066
（虹夕諾雅綜合預約專線）

規畫理念來自「水邊的私人宅邸」，每個房間都能眺望河景。來到這佇立在大自然中的豪華度假勝地，享受被寂靜所包圍的非日常時光。

🏠京都市西京区嵐山元綠山町 11-2 🚃阪急嵐山站出站後步行 7 分鐘即可抵達「虹夕諾雅京都」上棧橋 🅿無

最佳季節	春

1 無比奢華的幽玄夜櫻景致。
2 蟲鳴鳥叫與從枝葉縫隙灑落的陽光，讓你的身心都煥然一新。

STAY DATA
費用 1間40500日圓起（1位～）
※共25間房 IN15:00／OUT12:00
●睡衣●牙刷●浴巾●專用衛浴
●免費Wi-Fi

info 搭乘惠比壽屋嵐山總本店
的人力車，樂趣多多

車夫會以幽默的
口吻為乘客介紹
嵐山、嵯峨野的著
名景點。搭上人力
車，享受公主般的
待遇吧。

MAP P.112C-3
☎ 075-864-4444

地京都市右京区嵯峨天龍寺芒ノ馬場町
3-24 營 9:30～日落（依季節有所變更）
※1 區間行程約 12 分鐘、60 分鐘包車
行程等 費 1 人 3000 日圓、2 人 4000 日
圓等 休 全年無休 交 嵐電嵐山站出站後
步行 3 分鐘 P 無

最佳季節	春、秋

在凜然聳立的竹林裡
吸收大自然的能量

絕景導電

嵐山

5 竹林之道

MAP P.112B-2

從大河內山莊至野宮神社長度約 300
公尺，眼前所見滿是綠竹綿延的小
徑。穿過竹林縫隙灑下的陽光，與
清涼的竹葉摩擦聲十分療癒。

營費休 自由參觀 交 嵐電嵐山站出站後
步行 6 分鐘

最佳季節	一年四季

漫步於在古典文學與和歌點綴下的風雅嵯峨野

聽著竹林裡竹葉散發出的沙沙聲，徜徉在自古以來的歷史舞台之中

選擇空氣最清新的早晨時光，前往超人氣的竹林之道，來場嵯峨野漫步之旅吧！

造訪大自然與古剎

從JR嵯峨嵐山站出發，穿過空氣清新的竹林後，就會抵達大河內山莊。享用抹茶稍作歇息後，即可前往佇立在小倉山山腰的常寂光寺。站在石階上回頭望，映入眼簾的是夏季青楓、秋季紅葉的壯闊景色。

若有機會繞到供奉兩尊本尊的二尊院、曾出現在《源氏物語》裡的清涼寺，能讓你的心情變得更加風雅。

❸ 二尊院
MAP P.112A-2 ☎075-861-0687

寺名來自於院內供奉了釋迦如來與阿彌陀如來兩尊佛像。參道則被稱為「紅葉馬場」。

地 京都市右京区嵯峨二尊院門前長神町27 營 9:00～16:30 費 500日圓 休全年無休 交市公車嵯峨釋迦堂前下車後步行10分鐘 P無

❹ 清涼寺
知名紅葉景點
MAP P.112B-1 ☎075-861-0343

因寺裡供奉釋迦如來像，故通稱「嵯峨釋迦堂」。是由被認為光源氏本尊的源融山莊改建而成的寺廟。

地 京都市右京区嵯峨釈迦堂藤ノ木町46 營 9:00～16:00 費 境內自由參觀（本堂400日圓）休全年無休 交市公車嵯峨釋迦堂前下車後即可到達 P 50台

■1 將辨天堂點綴得十分鮮艷動人的紅葉。

可以看到傳統的日式住宅與街景。

覆蓋地面的青苔十分優美壯觀。曾深受平清盛喜愛的祇王、祇女的隱居地。

「聖天樣之大根供養」固定於每年舊曆小雪的前後幾天舉辦。

舊嵯峨御所 大本山大覺寺 卍

覺勝院 卍

❹ 清涼寺 卍

祇王寺 卍

厭離庵 卍

二尊院 ❸ 卍

山莊裡豎立著包含坂本龍馬在內的維新志士銅像。為想一窺長州藩士的面貌，則可前往天龍寺。

新丸太町通

松尾芭蕉的得意門生——俳人向井去來的草屋。據說芭蕉也曾來此住過。

落柿舍 ●

小倉山莊 ● 嵯峨落柿舍前店

JR山陰本線（嵯峨野線）

JR 嵯峨嵐山站

小火車嵯峨站

❷ 常寂光寺 卍

野宮神社 卍

竹林之道位於這一帶。

小火車嵐山站

嵐電（嵐山本線）

嵐山站

N 150m

大河內山莊庭園

至嵐山公園

天龍寺 卍

至渡月橋

名稱取自佛教淨土「常寂光土」。位於小倉山山腰的寺院所在地，據傳是藤原定家編輯《小倉百人一首》時所居住的山莊遺址。

地 京都市右京区嵯峨小倉山小倉町3 營 9:00～17:00 費 500日圓 休全年無休 交市公車嵯峨小學前下車步行11分鐘 P 5台

❷ 常寂光寺
知名紅葉景點
MAP P.112A-2 ☎075-861-0435

❶ 大河內山莊庭園
MAP P.112B-2 ☎075-872-2233

活躍於昭和初期的電影界超級巨星——大河內傳次郎的宅邸。在此可眺望京都街景、比叡山的全景。

地 京都市右京区嵯峨小倉山田淵山町8 營 9:00～17:00 費 1000日圓 休全年無休 交市公車野宮前下車後步行9分鐘 P有

知名紅葉景點

6 野宮神社

絶景導覽

嵐山

MAP P.112B-2 ☎075-871-1972

因這裡是《源氏物語》裡光源氏
與六條御息所分別的故事舞台而
為人所知,亦以姻緣神社著稱。
黑木鳥居也很有看頭。

🏠京都市右京区嵯峨野宮町1 🕘
9:00～17:00 🎫自由參觀 休無 🚃市
公車野宮前步行5分鐘 P無

最佳季節　秋

1 以《源氏物
語》為設計概念
的姻緣護身符。
2 只要摸了,就
會在一年內實
現願望的龜石。

---

7 齋宮行列（野宮神社）

絶景導覽

嵐山

MAP P.112B-2 ☎075-871-1972

重現未婚的皇女「齋宮」(齋王)前
往伊勢神宮時的「齋王行列」,是秋
季的例行活動。華麗的遊行隊伍會繞
嵐山一圈。

🕘10月第3個週日12:00～15:00 🎫自
由參觀 🚃市公車野宮前步行5分鐘

最佳季節　秋

女主角是
坐在轎子上美麗
婉約的齋宮代。

《源氏物語》、《平家物語》的舞台

這個區域自古以來便是貴族別墅所在地,更因
做為古典文學的舞台而頗富盛名。除了被寫進
《源氏物語》的野宮神社外,還有曾出現在《平
家物語》裡的祇王寺。先讀過這些古典文學,
再來此地一遊,必定別有一番滋味。

---

8 祇王寺

絶景導覽

MAP P.112A-1
☎075-861-3574

嵐山

與《平家物語》關係密不可分的寺
廟。據傳祇王失去平清盛的寵愛後
便隱居於此。被青苔所覆蓋的庭院
搭配上楓葉,呈現美妙和諧的景致。

地京都市右京区嵯峨鳥居本小坂町32
🕘9:00～16:30 費300日圓 休元旦 🚃
市公車嵯峨釋迦堂前步行15分鐘 P無

最佳季節　一年四季

由楓紅落葉鋪成的
深紅地毯

瀰漫平安時代氣息的風雅氛圍
地位崇高的門跡寺院

絕景導覽

9 舊嵯峨御所 大本山 大覺寺

嵐山

MAP P.112C-1 ☎075-871-0071

自 876 年，將嵯峨天皇的離宮改建為寺院後至明治初期，由代代皇族擔任住持的門跡寺院，也是真言宗大覺寺派的本山。

地京都市右京区嵯峨大沢町 4 ⚑ 9:00～16:30（服務處）費 1000 日圓 休全年無休 交市公車、京都公車大覺寺前下車後即可到達 P有（須付費）

最佳季節　　　　　　秋

11月舉辦的嵯峨菊花展也很有看頭

每年 11 月都會舉辦為期一個月的菊花展。嵯峨菊是嵯峨天皇時代出現在大澤池畔的野生古典菊之一，特徵為其纖細的花瓣。有 800 盆之多的嵯峨菊佈置於寺內的各個角落，展現出雍容華貴的氣息。

櫻花

大澤池是日本最古老的林泉式庭園。盛開的櫻花將池畔妝點成一片淡紅色景致，也將典雅的諸堂襯托地更加美輪美奐。

觀月夜

自古以來以知名觀月景點著稱。中秋時舉辦的賞月夜，更是不容錯過的活動。映照在大澤池水面上，如夢似幻的月影，美到讓人忍不住嘆息。

夜間點燈

擁有「真紅水鏡」美稱的點燈活動，讓大澤池四周在黑暗中更顯耀眼。若想欣賞被紅葉圍繞著的心教寶塔，大澤池南側是最佳觀賞點。

1 充滿懷舊風情的茶屋。
2 Shinko 的價格為 840
日圓。不規則的外形，其
靈感也來自供奉火伏之神
的愛宕神社參道。

10

絶景導覽

嵐山

平野屋

MAP **P.112A-1** ☎**075-861-0359**

擁有 400 年歷史的香魚料理茶屋。
店內提供當季最豐盛的山、川、野
料理。也可坐在屋簷下，品嚐本店
最有名的甜點 Shinko。

地京都市右京区嵯峨鳥居本仙翁町 16
時 11:30 ～ 21:00 休全年無休 交市公
車鳥居本下車後步行 5 分鐘 P 5 台

最佳季節　　　秋

info

鳥居本櫛比鱗次的民家
愛宕神社一之鳥居周邊，
可以見到多棟質樸民家。
此處也被指定為重要傳
統的建造物群保存地區。

讓人體會到世事無常的
無數石佛

11

絶景導覽

嵐山

化野念佛寺

MAP **P.112A-1** ☎**075-861-2221**

約在 1200 年前，弘法大師空海為供
養無主孤魂所開創的寺院。境內供
奉了多達 8000 座的石塔與石佛。最
有名的就是被稱為「夏末風情畫」
的千燈供養。

地京都市右京区嵯峨鳥居本化野町 17
時 9:00 ～最終受理 16:30（12 ～ 2 月
的最終受理至 15:30。4、5、10、11 月
的週末、國定假日最終受理至 17:00）
費 500 日圓 休不定期 交京都公車鳥居
本下車後步行 4 分鐘 P 無

最佳季節　　　夏

絕景導覽

12 保津川遊船

嵐山

MAP P.112A-2
☎0771-22-5846

丹波龜岡至嵐山間的長度約16公里，耗時約2小時的遊船之旅。大自然的原始風貌、湍急刺激的水流與船夫的幽默導覽，是其魅力所在。

3月10日～11月30日的9:00～14:00每隔1小時及15:30發船（人數達上限即發船，週末與國定假日不定期發船）。12月1日～上旬的9:00～13:00每隔1小時及14:30發船，12月上旬～3月9日的10:00～14:30每隔1.5小時發船 搭船4100日圓 12月29日～1月4日，洪水期及2、9月則有安全檢查 自小火車龜岡站轉搭京阪京都交通公車保津川遊船乘船場約12分鐘，至終點站即達 80台

絕景導覽

13 嵯峨野小火車

嵐山

MAP P.112C-2
☎075-861-7444
（自動語音介紹）

行駛於嵯峨嵐山至龜岡之間的保津峽之觀光列車。春天的櫻花、夏天的青楓、秋天的紅葉與冬天宛如水墨畫的景致，都在沿途等著大家。

京都市右京区嵯峨天龍寺車道町（トロッコ嵯峨駅）9:01～16:01，每小時一班（紅葉季、週日及國定假日會加開臨時班次，須確認）單程620日圓 週三（國定假日、春假、黃金週、暑假、紅葉季照常發車），12月30日～2月底 鄰接小火車嵯峨嵐山站 無

絕景導覽

14 落柿舍

嵐山

MAP P.112B-2 ☎075-881-1953

松尾芭蕉的得意門生——向井去來所建造的茅舍。名稱由來據說是因為庭院裡的柿子一夜就被狂風掃落。

京都市嵯峨小倉山緋明神町20 9:00～17:00（1、2月10:00～16:00）250日圓 12月31日、1月1日 市公車嵯峨小學前下車後步行10分鐘 無

絕景導覽

16 厭離庵

嵐山

MAP P.112B-1 ☎075-861-2508

相傳為藤原定家編輯《小倉百人一首》時的山莊遺址。僅限秋季開放，絕對不能錯過散落在苔町的紅葉景觀。

京都市右京区嵯峨二尊院門前善光寺山町2 11月1日～12月7日的9:00～16:00 500日圓 平常未對外開放 市公車嵯峨釋迦堂前下車後步行5分鐘 無

絕景導覽

15 寶筐院

嵐山

MAP P.112B-2 ☎075-861-0610

創建於平安時代中期，與足利家淵源頗深的寺廟。能欣賞到朱紅、淡黃的紅葉將天空渲染得多采多姿的迴遊式庭院，更是雄偉壯闊。

京都市右京区嵯峨釈迦堂門前南中院町9-1 9:00～16:00（11月至16:30）500日圓 紅葉季無休 市公車嵯峨釋迦堂下車後步行3分鐘 無

％ ARABICA 京都嵐山
`MAP` P.112C-3 ☎075-748-0057

位於渡月橋畔的外帶咖啡店。以高品質的咖啡豆與濃縮咖啡機煮出的咖啡，香氣迷人頗受好評！📍京都市右京区嵯峨天龍寺芒／馬場町 3-47 🕐8:00～18:00 不定期 🚃嵐電嵐山站出站後步行 5 分鐘 🅿無

豆腐料理 松枝
`MAP` P.112C-3 ☎075-872-0102

以抹茶豆腐與蕎麥豆腐排列成市松格紋的湯豆腐「雅」（2300 日圓）外，還能品嚐到各式豆腐料理。📍京都市右京区嵯峨天龍寺芒／馬場町 3 🕐11:00～17:00（觀光季則從 10:30～18:00）休全年無休 🚃嵐電嵐山站出站後步行 3 分鐘 🅿無

鯛匠HANANA
`MAP` P.112C-2
☎075-862-8771

本店招牌為能品嚐到真鯛的薄片魚片，以及芝麻醬汁的鯛魚茶泡飯套餐（1260日圓）。使用當地食材製成的蔬菜料理也很美味。📍京都市右京区嵯峨天龍寺瀬戸川町 26-1 🕐11:00～17:00（鯛魚售完即停止營業）休不定期 🚃嵐電嵐山站出站後步行 4 分鐘 🅿無

嵐山Gyatei
`MAP` P.112C-2
☎075-862-2411

能以自助餐（也有套餐）的形式，品嚐到使用京都蔬菜、湯葉、豆腐等京都食材製成，約 30 種的京番菜料理。📍京都市右京区嵯峨天龍寺造路 19-8 🕐11:00～14:30 休不定期 🚃嵐電嵐山站出站後即可到達 🅿無

精進料理 篩月
`MAP` P.112B-2
☎075-882-9725

天龍寺直營的素菜餐廳。可享用一湯一飯五菜的素齋套餐（雪 3300 日圓～）。📍京都市右京区嵯峨天龍寺芒／馬場町 68 🕐11:00～14:00 休須另支付天龍寺庭院參觀門票費 500 日圓 🚃嵐電嵐山站出站後即可到達 🅿120 台（天龍寺收費停車場）

嵐山 MITATE
`MAP` P.112C-2
☎075-863-1551

以「溫故知新」為主題，提供京都蔬菜與精選高級食材烹調而成的法式懷石套餐。📍京都市右京区嵯峨天龍寺造路町 33-25 🕐11:00～最後點餐 13:30、17:30～最後點餐 20:30 休週三 🚃嵐電嵐山站出站後即可到達 🅿無

嵯峨豆腐 森嘉
`MAP` P.112B-1
☎075-872-3955

曾在川端康成小說中登場的豆腐老店。除嵯峨豆腐外，配料豐盛的飛龍頭，也是本店招牌。📍京都市右京区嵯峨釈迦堂藤／木町 42 🕐8:00～18:00 休週三 🚃市公車站嵯峨釋迦堂前下車後即可到達 🅿4 台

老松 嵐山店
`MAP` P.112C-2
☎075-881-9033

開設於花街上七軒的京菓子店老松的分店。可在一旁的茶房品嚐本蕨餅與時令甜點。📍京都市右京区嵯峨天龍寺芒／馬場町 20 🕐9:00～17:00（茶房則為 9:30～16:30）休不定期 🚃嵐電嵐山站出站後步行 3 分鐘 🅿無

松籟庵
`MAP` P.112B-3
☎075-861-0123

能眺望大堰川美景。4968日圓的松籟套餐（午間限定），菜色包括湯豆腐、八寸、當季京料理等。📍京都市右京区嵯峨亀ノ尾町官有地內 🕐11:00～最後點餐 16:00（週五～日、國定假日至 20:00）休全年無休 🚃嵐電嵐山站出站後步行 15 分鐘 🅿無

eXcafe 京都嵐山本店
`MAP` P.112C-3
☎075-882-6366

由古厝改建而成的懷舊咖啡館。店內提供附贈抹茶的天龍寺聖代（1350日圓）與許多精緻甜點。📍京都市右京区嵯峨天龍寺造路町 35-3 🕐11:00～18:00 休不定期 🚃嵐電嵐山站出站後步行 1 分鐘 🅿無

名物
名產

御守・朱印帖

體驗參拜神社寺廟的醍醐味 好運道具

姻緣護身符
1000日圓（野宮神社）

源氏物語舊蹟
開運招福護身符
1000日圓（野宮神社）

朱印帖
1500日圓（松尾大社）
供奉酒神的松尾大社原創朱印帖，以酒樽為封面圖樣。

錢龜守
300日圓（松尾大社）
松尾大社最有名的就是湧出名泉的龜井，因此設計出了烏龜模樣的護身符。記得放在錢包裡喔。

御櫛守
700日圓（御髮神社）
祈求能擁有一頭健康秀髮的木梳造形護身符，分為紅綠2種。

京都市內的寺廟與神社，總計超過2000所！也因此充滿了各式各樣的歷史淵源與保佑。

這些道具裡最為人所知的，就是被視為神佛化身的護身符，但近年來收集朱印也蔚為風潮。做為與神佛結緣的象徵被授予的這些道具，除了能帶來好運之外，墨跡或紅印都頗具意義，因此也可用來當作參拜紀念。

自古以來就深受貴族喜愛的嵐山地區，更是許多物語、和歌的舞台，因此這裡的護身符、朱印也相當詩情畫意。許多女性都前來祈求良緣、曾出現在《源氏物語》裡的野宮神社，讓人祈求擁有健康秀髮的御髮神社，以及不只供奉酒神，也以姻緣著稱的松尾大社等，都因其獨特性而擁有超高知名度。在入口處的手水舍潔淨身心，合掌誠心祈求後，不妨來體驗一下參拜神社寺廟的醍醐味吧！

請到各神社購買

松尾
松尾大社
▶ P.128

嵐山
御髮神社
MAP P.112B-2
☎ 075-882-9771
地京都市右京区嵯峨小倉山田淵山町10 營境內自由參觀（社務所10:00～15:00）休全年無休 參拜免費 交市公車野野宮下車後步行9分鐘 P無

嵐山
野宮神社
▶ P.122

桂、松尾

從嵐山搭公車加步行，只要15分鐘

位於京都西邊的此區域，呈現出與喧囂的嵐山截然不同的景致，能在此享受到沉靜悠閒的時光。建築、庭園、參拜、美食等，雖然為數不多卻都深具韻味的觀光景點。

桂・松尾＆高雄
從嵐山出發

絶景導覽

桂

1 西芳寺（苔寺）
MAP P.5B-2

世界遺產之一，境內覆滿了約120種的苔類，故擁有「苔寺」的別名。雖然須事先預約，卻是此生一定要造訪一次的名剎。

聽京都市西京区松尾神ヶ谷町56 蘆無法指定參觀時間（須以往復明信片預約）費參拜香油錢3000日圓交京都公車苔寺、鈴蟲寺下車後即可到達 P無

最佳季節　夏

【美食】

酢橘冰
820日圓

夏天才吃得到的水果剉冰也頗受好評。

中村軒
MAP 附錄・京都街道A-5
☎075-381-2650

位於桂離宮對面，和菓子包有以灶台熬煮的美味紅豆餡，尤以麥代餅深獲好評。

聽京都市西京区桂浅原町61 蘆9:00～最後點餐 17:45（販賣從7:30～18:00）休週三（國定假日照常營業）交市公車桂離宮前下車步行1分鐘 P15台

松尾大社
MAP P.5B-2
☎075-871-5016

與古代豪族秦氏淵源頗深，歷史比平安京還悠久的神社。因供奉酒神而成為全日本釀酒業者的信仰中心。

聽京都市西之京區嵐山宮町3 蘆境內自由參觀（神像館、松風苑為 8:30～16:00，週日、國定假日至16:30）費神像館、松風苑共通 500日圓 交阪急松尾大社站出站後步行2分鐘 P70台

鈴蟲寺
MAP P.5B-2
☎075-381-3830

一年到頭都能聽到鈴蟲鳴叫聲與法話的寺廟。最受歡迎的就是穿著罕見草鞋，有求必應的幸福地藏。

聽京都市西之京區松室地家31 蘆9:00～最後入場 16:30 休全年無休 交京都公車苔寺、鈴蟲寺下車後步行3分鐘 P70台

【觀光】

桂離宮
（宮內廳京都事務所參觀科）
MAP 拉頁・京都街道A-5
☎075-211-1215

八條宮智仁親王、智忠親王所建造的別墅。擁有集日本庭園之大成的池泉廻遊式庭園、建築等諸多景點。

聽京都市西之京區桂御園 蘆事前或當天申請 費每人1000日圓 ※詳情請上官網確認 交市公車京阪京都交通公車桂離宮前下車後步行8分鐘 P30台

高雄

神護寺的高雄、西明寺的橫尾、高山寺的栂尾，三地合稱高尾。是京都市內最早能欣賞到紅葉的知名景點。此外，美麗青楓也相當有名。

嵐山
〔從嵐山出發〕

2 絕景導覽

高雄

神護寺

MAP P.5B-1 ☎075-861-1769

弘海大師空海自 809 年起曾在此擔任 14 年住持的古剎。寺內擁有藥師如來立像等國寶，平安、鎌倉時代的諸多寺寶。

地京都市右京区梅ヶ畑高雄5 營9:00～16:00 費600日圓 休全年無休 交JR公車山城高雄下車後步行 20 分鐘 P無

最佳季節	秋

【美食】🍴

香菇嫩雞陶板燒套餐
1800 日圓

除套餐外，還有蕎麥等輕食。

Togano Chaya

MAP P.5B-1
☎075-861-4206

歷史超過 130 年。窗外盛開的紅葉以及清瀧川的景致，都是可細細品味的部分。夏天也會設置川床。

地京都市右京区梅ヶ畑栂尾町3 營11:00～16:00 休週四（國定假日則照常營業）※冬季休業 交JR公車栂尾下車即達 P70台

西明寺

MAP P.5B-1
☎075-861-1770

江戶幕府 5 代將軍綱吉的母親桂昌院重建的西明寺，寺內供奉的釋迦如來立像，據傳是複製自清涼寺的佛像。

地京都市右京区梅ヶ畑槙尾町1 營9:00～17:00 費500日圓 休全年無休 交JR公車槙之尾下車後步行 5 分鐘 P無

高山寺

MAP P.5B-1
☎075-861-4204

【観光】📷

[1]鳥獸人物戲畫（複製）。[2]若想感受國寶石水院的自然野性景致，建議秋季前往。

由鎌倉時代明惠上人再興。鳥獸人物戲畫、日本最古老茶園都不容錯過。

地京都市右京区梅ヶ畑栂尾町8 營8:30～17:00 費自由參觀（紅葉季節須支付入山費 500 日圓），石水院參拜費800 日圓 休無休 交JR公車栂尾步行 8 分鐘 P可利用市營停車場

歷史

× 百人一首

story & history

讓人更了解旅行意義的「絕景物語」

平安貴族最愛的嵐山
百人一首的故鄉

嵐山是平安時代以來的度假勝地，貴族、藝文人士都在此搭建別墅。詩歌裡所吟詠的景色，至今仍隨處可見。

何謂小倉百人一首？

嵐山是《小倉百人一首》的發祥地，因風光明媚而受到平安貴族的喜愛，在此建造眾多別墅。鎌倉時代的歌人兼官僚的藤原定家之別墅——時雨亭位於大堰川北岸的小倉山，他在此編撰了《小倉百人一首》，是從100位歌人的眾多和歌作品裡，各挑選出一首後編輯而成的和歌集。就性別來看，男性歌人有79位，女性歌人則是21位。其中也囊括了包括小野小町、清少納言、紫式部等後人熟知的女歌人作品。

江戶時代，木版畫技術也日益發達，印有插畫的「和歌花牌」相當受歡迎。

以常設展的方式介紹小倉百人一首的歷史。

嵯峨嵐山文華館
MAP P.112B-3 ☎075-882-1111
起京都市右京区嵯峨天龍寺芒ノ馬場町 11 10:00～16:30 休週三（遇國定假日則改隔日休）賽 900 日圓 交嵐電嵐山站出站後步行 5 分鐘 P 無

前往與藤原定家
淵源頗深的景點

藤原定家是鎌倉初期的歌壇大家，也是優秀的研究者。除《小倉百人一首》外，還編撰了《新古今和歌集》（共撰）、《嵐山新勅撰和歌集》等詩歌集。

圖像：國立國會圖書館
據說藤原定家自幼年開始就已經展現其和歌方面的才華。

關於定家山莊有諸多說法。其中之一是位於小倉山山腰的常寂光寺，寺內有座刻有「藤原定家山莊址」、「百人一首編纂之地碑」的時雨亭址碑。在二尊院內也有被認為是定家山莊的遺址，同樣留有時雨亭跡的石碑。另外，也有人認為是委託定家製作、被視為《小倉百人一首》起源地障子裝飾用色紙的宇都宮賴綱山莊遺址，亦是現在的厭離庵。僅 11 月 1 日～12 月上旬會開放，可利用這個機會參觀定家的茶毘塚、茶席時雨亭。

常寂光寺 ▶P.121
二尊院 ▶P.121

在嵐山的神社寺廟裡，
體驗平安羅曼史

嵐山一帶的公園、神社寺廟，都可以看到刻有和歌的歌碑。其中網羅了最多歌碑的龜山公園，可以看到包含《古今和歌集》、《拾遺集》與《後拾遺集》收錄作品的碑石，總計 49 座。也可漫步野野宮地區的竹林小徑，享受尋找歌碑的樂趣。

除了與《小倉百人一首》有關的景點外，嵐山也有許多名剎。京都五山第一位的天龍寺，擁有描繪在法堂天花板、直徑 9 公尺的雲龍圖以及曹源池庭園，相當壯觀。在被認為是光源氏本尊的源融山莊遺跡，搭建了阿彌陀堂的清涼寺，以及前往伊勢神宮出任巫女的齋宮們必須在此處淨身的野宮神社等等。

往奧嵯峨的方向走，則有化野念佛寺等景點，在此能欣賞到與千年相同的質樸原野景色。

清涼寺 ▶P.121
野宮神社 ▶P.122

伏見
宇治

前往周邊景點的交通方式
與時間規畫

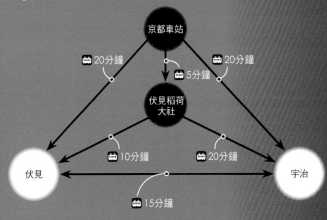

A　**B**　**C**

卍寶福寺　片原町　風呂屋町　丹波橋駅　近鉄　京阪駅
大文字町　寶照寺　西方寺卍　丹波橋駅
華屋町　月桂冠　新町(6)
大文字山　三栖大黑町　P.146 藤岡酒造　P.144 酒藏Bar En　新町(5)　観音寺町

卍松本酒造 P.139　西大手筋　關西電力　瀬戸物町　三井住友　P.146 御香宮神社
　　大手通　願生寺卍　大光寺卍　新町(4)　天満宮社卍　御香宮前
35　　京都　　京都　桃山御陵前駅　御香宮前
問屋町通　村上町　京都大橋綜合病院卍　油長　大手筋　永旺　魚三楼　道阿彌町　片桐町
・Kohnan　伏田街道大手番 P.144,146　東大手筋　東本願寺　新町(4)　桃陵市営住宅
京都市　P.144,146　伏水酒藏小路　源空寺卍　瑞穂　魚屋町(3)　東奉行町
伏見區　京都大橋綜合病院卍　伏見別院卍　京都　魚屋町　桃陵團地前
西岸寺卍　登勢寿司卍
三栖半町　龍馬通商店街　京菓子司 富英堂　新町(3)　西奉行町
山崎町　寿司割烹 Kakisen　×Torisei本店 P.139　桃陵町
阿波橋町　京橋　黃櫻Kappa　山本本家 蔵元直賣所　近鉄京都線
大蓮寺卍　Country P.146　酒藏 Toyoda
下中町　上中町　寺田屋　坂本龍馬像　大石天狗堂　両替町(2)　伏見公園
南濱児童館　西柳町　本材木町　両替町(1)　桃陵町
三栖町(1)　豆心　松林院卍　新町(1)　卍願成寺
中書島　東柳町　長建寺卍　両替町(1)　卍妙福寺　觀月橋北詰　宇治川
三栖町(2)　西濱町　京都市　P.144 Okobu北清×　卍伏見 十石舟 P.139　京阪本線　彈正町　觀月橋站
新中町　中書島　Chitose　近畿荘　宇治川派流　豊後橋站

伏見　　京阪宇治線　桃山彈正町　觀月橋
區地図 P.4　　三栖向町　京阪中書島站　中書島站　矢倉町　平戸町
0　50 100m　八幡市站　京阪中書島　大久保站

A　**B**　**C**

AL.PLAZA・　六地蔵站　六地蔵站　奈良街道
伏見稲荷大社 P.136　槙島町　京阪宇治線　JR奈良線　念佛寺卍　P.11,143 三室戸寺
宇治市　莵道　三室戸站　三室戸
伏見　宇治　Happy　三室戸　CHEZ HAGATA　三室戸小學　宇治明星園
卍誓澄寺　門前　佛徳山
莵道稚郎子皇子御墓　宇治車庫　明星町1丁目
任天堂　・Friend Mart　明星町2丁目
中研前　伊藤久右衛門 本店・茶房　明星町3丁目
d Mart　菓子工房 KAMANARIYA
an UNITIKA 宇治工廠　宇治紅茶館 ICHIMATUS COOKIE　宇治市源氏物語博物館　佛徳山
宇治橋西詰　市民會館　卍橋寺(放生院)　京都宇治站前 駿河屋　朝日山
UNITIKA　薬膳料理 茉莉花・　京料理 京阪宇治站　卍開運不動尊正覺院　通園 P.144
宇治武田醫院卍　京料理 宇治駿河屋　京都翔英高中
兵衛 本店 P.143　宇治橋西詰　京阪　寺島屋彌兵衛商店 P.144　宇治上神社 P.156　京都發電所
宇治站　MOGOMOGO烘焙坊　中村藤吉本店　興聖寺卍　朝日燒
宇治站　宇治川旅館　平等院店 P.145　宇治神社　福壽園 宇治茶工房 P.144
・宇治橋西詰　橋姫神社卍　宇治茶共和国　朝日燒 shop & gallery P.142
JR奈良線　昇苑Kumihimo　福壽園
Roba　・宇治第一飯店　中村藤吉本店　平等院 P.140　京・宇治 抹茶料理 辰巳屋
兵衛 本店 P.143　JR　宇治站 P.145　卍恵心院　卍十三重石塔
綜合廳舎前　伊藤久右衛門　JR宇治站前店茶房　宇治神社卍　卍合祠寺東禪院
宇治中學　園林寺卍　歩行約5分間　旅館 塔見茶屋　靜山莊旅館 京都
花屋敷浮舟園　鮎宗

全區地図 P.4

宇治

N　0　100　200m

132

伏見・宇治

因神祕氛圍與悠久歷史而深受矚目

因擁有世界知名的人氣高漲的伏見稻荷大社，近年來人氣高漲的區域。雖然同為「伏見區」，但伏見與伏見稻荷大社的距離超過 4 公里，移動時必須仰賴電車。不過，此區裡的景點都十分值得一看，希望大家兩邊都能前往一遊。自古以來就是貴族熱愛的別墅區──宇治，不僅是《源氏物語》結尾高潮「宇治十帖」的舞台，更是抹茶甜點的勝地，在此能體驗到兼具歷史與浪漫的旅程。

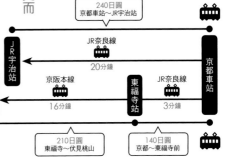

240日圓
京都車站～JR宇治站

JR奈良線

JR宇治站
伏見桃山站或中書島站

京阪本線
伏見桃山站或

JR奈良線
20分鐘

東福寺站

JR奈良線
3分鐘

京都車站

16分鐘

210日圓
東福寺～伏見桃山

140日圓
京都～東福寺前

【交通指南】

搭乘電車，旅程更輕鬆

步行

搭乘電車出站後，多半以步行為主。電車、步行的移動距離比較長，建議出遊時可穿好走的鞋子跟後背包。

JR奈良線

若想一同參觀伏見稻荷大社、伏見、宇治 3 個地點，請記得伏見稻荷大社是人潮最洶湧的景點，建議可一大早從 JR 稻荷站或京阪伏見稻荷站下車，步行前往。

【安排行程的訣竅！】

因為必看景點眾多……

1 想到山上走走的話，要多加2小時

可眺望京都街景的絕景以及祈求庇佑的伏見稻荷大社登山之旅。有時間的話，千萬別錯過！

2 京阪宇治站、JR 宇治站要分清楚

想從京都車站直達宇治，可搭 JR。若想 3 個景點都去的話，就使用京阪電車的「京阪・伏見 1 日券」。

---

3 宇治
抹茶甜點的勝地

擁有宛如人間淨土的鳳凰堂坐落的平等院、宇治上神社兩大世界遺產。更是全日本知名的茶鄉，有許多販售宇治茶、抹茶甜點的店家，是風光十分明媚的區域。

想休息時的話，來份抹茶甜點吧！

絕景導覽
平等院 ▶P.141
辻利兵衛 本店 ▶P.143
中村藤吉本店 宇治本店 ▶P.145

2 伏見
好水湧出的酒鄉

擁有豐沛地下水，古時曾被稱為「伏水」，因此發展為日本屈指可數的酒鄉。更是連結京都與大阪的水運要塞，因而留下了許多以坂本龍馬等幕末志士有所淵源的景點。

絕景導覽
伏見 十石舟 ▶P.139
松本酒造 ▶P.139
月桂冠大倉紀念館 ▶P.144

1 伏見稻荷大社
宛如置身在奇幻世界般

因「稻荷神」而為人熟知的稻荷神社總本宮。雖然穿過千本鳥居，到掛有白狐繪馬的奧社奉拜所參拜後折返，是最常見的行程。不過，也推薦大家可以來趟能感受到豐富大自然與神祕力量的「登山之旅」。

▶P.136

絕景導覽
總本家Inariya ▶P.144

拜倒在千本鳥居、美酒與抹茶的魅力下
在伏見與宇治充分體會京都文化之旅

半日 行程

大眾交通工具

絕景導覽　伏見稻荷大社～伏見街景～平等院

擁有歷史、佛像、知名美食，以及世界知名的能量景點……來一趟濃縮了千年古都深奧魅力的旅程吧！

START

9:00　看著京都塔，展開一天的旅程
京都車站

從集結了公車總站、地下鐵、近鐵、JR等所有交通工具的起點──京都車站出發。想前往伏見稻荷大社的話，就搭乘JR奈良線吧！

🚃 JR 5分鐘

伏見街景

最具魅力的就是酒廠林立、饒富風情的街景。至今仍能感受到曾為水運要塞的往日榮景。現在則能乘坐十石舟，欣賞沿途美麗的風景。

▶P.139

👣 步行即可到達

9:30　前往讓人震撼的千本鳥居！
伏見稻荷大社

能保佑生意興隆而香火鼎盛的神社。以朱色鳥居連綿不絕的千本鳥居為中心，洋溢著一股神祕氣氛，讓人為之折服。近年來參拜者絡繹不絕，最好一大早前往。

▶P.136

👣 步行即可到達

11:30　伏見銘酒之旅
伏見酒廠

自古以來因酒廠而興盛的伏見，擁有多家知名酒廠。來此可欣賞松本酒造風格獨特的建築物，或到藤岡酒造的酒藏 Bar En 喝一杯，感受伏見的酒鄉氛圍。

▶P.144

👣 步行2分鐘

12:00　午餐就來點最適合搭配伏見名酒的菜餚
Torisei 本店

由整棟酒廠改建而成的烤雞串餐廳。從雞飯、烤雞等套餐、丼飯到合菜料理，菜色種類豐富。也推薦大家可以試喝這裡的生原酒。

▶P.139

🚃 京阪電車15分鐘

10:30　買份門前名產當伴手禮吧
總本家Inariya

以狐狸臉為造型的稻荷煎餅始祖。純手工烘烤而成的煎餅，有白味噌與芝麻兩種口味，味道簡單樸實。吃之前可以當成面具拍照留念。

▶P.144

🚃 京阪電車15分鐘

走過三大區域，讓人感受到從平安時代到現代的時光之旅。

先到伏見稻荷大社參拜，獲得神明保佑加持後，以煥然一新的心情展開一天的旅程。穿過伴手禮店林立的昔日裏參道，即可搭乘京阪電車前往伏見。逛與幕末淵源頗深的歷史景點，欣賞隨處可見酒藏的沿途街景。品嚐伏見名酒後，再帶著微醺氣氛前往宇治。為世界遺產──平等院的佛像與朝日燒茶器的魅力所折服後，一邊回想《源氏物語》，一邊漫步宇治川，欣賞沿岸景色。最後當然要以正宗宇治茶產地的抹茶甜點，畫下最完美的句點。

搭船欣賞沿途風景也是不錯的選擇

伏見 十石舟

+1 小時

重現明治時代為止來往於伏見與大阪的運輸船。就來一趟可欣賞酒廠與柳樹交織而成的美景、造訪三栖閘門資料館，來回約 50 分鐘的船旅吧！

▶P.139

or

四季都看得到百花齊放的寺廟

三室戶寺

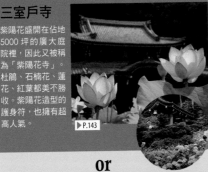

紫陽花盛開在佔地 5000 坪的廣大庭院裡，因此又被稱為「紫陽花寺」。杜鵑、石楠花、蓮花、紅葉都美不勝收。紫陽花造型的護身符，也擁有超高人氣。

▶P.143

or

麵包迷絕不能錯過的景點

Tama木亭

許多遠道而來的客人每天將店裡擠得水洩不通的麵包店。嚴選素材加上精心烘焙製作而成的麵包，從常見的口味到本店原創都有，種類五花八門。

▶P.144

13:30 極樂淨土在人間

平等院

在此可欣賞以日本 10 圓硬幣上的國寶鳳凰堂為首，平安時代最具代表性的佛師──定朝所製作的阿彌陀如來坐像、雲中供養菩薩像等。

▶P.140

步行8分鐘

14:30 玩賞歷史悠久的精美茶器

朝日燒 shop & gallery

擁有約 400 年歷史，以茶器為名的朝日燒窯場開設的商店兼工作坊。在眺望宇治川的時尚空間裡，挑選喜愛的器皿。

▶P.142

步行13分鐘

15:00 在正宗宇治茶產地，品嚐抹茶甜點

中村藤吉本店 宇治本店

活用頗具特色的茶商住宅改建而成的喫茶館。在此能一邊品嚐以上等抹茶或焙茶製成的多彩甜點，一邊欣賞日式庭院景致，伴手禮種類也相當豐富。

▶P.145

除丸十聖代外，生茶凍也頗受好評。

連綿不絕的朱色鳥居
交織出神祕的景色

奉

1

絕景
導覽

京都站周邊

伏見稻荷大社

MAP 拉頁·京都街道 **C-6**

☎ **075-641-7331**

全日本約有 3 萬所稻荷神社的總本宮，可祈求五穀豐收、生意興隆。至今仍是京都的超人氣觀光景點。

京都市伏見区深草薮之内町 68　境內自由參觀　授與所 7:00 ～ 18:00　境內免費參觀　全年無休　JR 稻荷站出站後即達　P 170 台（參集殿前一般小客車專用）

最佳季節　　　一年四季

> 神社樓門
> 為日本最大規模。

■登上綠意盎然的稻荷山，讓身心煥然一新。②境內隨處可見稻荷大神的使者——白狐。別忘了看一下白狐嘴裡銜著的寶物喔！

為伏見稻荷大社的旅程，增加更多樂趣
繞稻荷山一圈，拜拜求庇佑

逛完境內景點加位於山頂的一峰，來回約2小時。體力跟時間都充足的話，請務必挑戰看看！

❶ 樓門

是豐臣秀吉於1589年所捐贈的。坐鎮左右兩側的並非狛犬，而是白狐。

❹ 奧社奉拜所

為遙拜稻荷山所設置的參拜所，又被稱為奧院。

❷ 本殿

具備蟇股、懸魚等桃山時期建築特徵的大型社殿。

❸ 千本鳥居

千本指的是「數也數不盡的數量」。江戶時代傳承至今的鳥居獻納，象徵對神明的虔誠信仰。

❺ 熊鷹社

據傳是尋找失物之神，可以找出下落不明的人身在何處的線索。

❻ 四辻

眼前是一望無際的京都市街景。

> 在位於四辻的茶屋喝杯茶休息一下吧！

❼ 一之峰

稻荷山最高峰，供奉的是末廣大神。

❽ 長者社

又被稱為御劍社，供有御劍石。

❾ 藥力社

因能早日恢復健康、無病無災而頗具人氣的神社。

❿ 眼力社

據傳拜了之後就能有先見之明或精準的眼光。

伏見稻荷大社 MAP

JR奈良線
伏見稻荷
京阪本線 稻荷

三辻　大松大神　荒神峰（田中社神蹟）　御幸奉拜所　御膳谷奉拜所　清瀧寺
❺熊鷹社　三德社　❿眼力社　傘杉社
Vermillion cafe.
八島池　大杉社
啼鳥菴（稻荷茶寮）
❷本殿　新池（谺池）　❻四辻　三之峰　❾藥力社
二之峰　❽長者社
間之峰　春繁社
❸千本鳥居
❶樓門　❹奧社奉拜所　❼一之峰

通往東福寺 御寺泉涌寺
通往東福寺 御寺泉涌寺
清瀧寺
御膳谷奉拜所

來趟欣賞
伏見街景的悠閒
遊船之旅吧！

2 絕景導覽 伏見

伏見 十石舟

MAP P.132B-2 ☎075-623-1030

將江戶時代前用來運送物資、旅人的輸送船，以遊覽船樣貌重現。就花 1 小時的時間，搭著船盡情欣賞沿岸酒廠、柳樹群等的伏見風情吧！

京都市伏見區南兵町 247 10:00～16:20，每隔約 20 分鐘發船，依季節有所調整 費乘船 1200 日圓 休運航期間為 3 月下旬～12 月上旬 ※ 詳情請上伏見觀光協會官方網站查詢 交京阪中書島站出站後步行 5 分鐘 P無

最佳季節	夏

與坂本龍馬和新選組有關的伏見

伏見是江戶時代的歷史舞台，其中包括龍馬被襲擊的寺田屋和新選組戰敗的伏見奉行所。在小鎮漫步時，可感懷時代的動盪。

4 絕景導覽 伏見

松本酒造

MAP P.132A-1 ☎075-611-1238

創立於 1791 年的酒廠。木造酒窖與紅磚建築的組合，是酒鄉伏見最具代表性的景致。春天時，酒廠附近會開滿油菜花。

※ 未開放參觀與試喝販售。

京都市伏見区横大路三栖大黑町 7 8:00～17:00 休週六、日及國定假日 交京阪伏見桃山站出站後步行 15 分鐘 P 5 台

3 絕景導覽 伏見

Torisei本店

MAP P.132B-1
☎076-622-5533

以生產清酒「神聖」聞名的酒廠——山本本家開設的烤雞串餐廳。不惜成本，以精釀日本酒為烤雞串醬汁增添迷人風味。

京都市伏見区上油掛町 186 11:30～23:00，週六、日、國定假日 1100 起 休週一（遇國定假日及 12 月照常營業）交京阪伏見桃山出站後步行 6 分鐘 P 35 台

如鳳凰展翅般的
鳳凰堂。

平等院景點的
最佳參觀路徑！

❶ 欣賞美麗建築與景色

想拍出最雄偉的鳳凰
堂，就要站在阿字池
對岸。平成大修復完
工後，鳳凰堂大紅梁
柱、純金裝飾配件，都
找回落成時的光彩。

❷ 參觀平等院收藏的寶物

平等院博物館鳳翔館
展示了1口平安時代
的國寶梵鐘、26尊雲
中供養菩薩、1對鳳
凰等眾多寶物。

❸ 品嚐正宗宇治茶，小歇一下

位於平等院境內的日
本茶專賣店──茶房
藤花，能品嚐以自家
品牌沖泡而成的宇治
茶與和菓子（550日
圓起）。

將鳳凰繪製成鬼牌的
撲克牌。800日圓。

紙膠帶（各500日
圓）等周邊商品也
一應俱全。

宇治

5 平等院

絕景導覽

MAP P.132B-3 ☎ 0774-21-2861

平安時代的高官藤原賴通將繼承自父親的別莊改建為寺院，並取名為平等院。融合了建築與庭院的景觀、繪圖、雕刻，是不容錯過的景點。

🏠 宇治市宇治蓮華116 🕐 境內 8:30～17:30、鳳翔館 8:30～17:30、鳳凰堂內部參拜 8:30～16:10，每回 20 分鐘 🈚 全年無休 🚃 JR 宇治站出站後步行 10 分鐘 🅿 無

最佳季節 ── 一年四季

以典雅的樣貌
重現極樂淨土的世界

info 點燈後
如夢似幻

平等院會在春秋兩季，舉辦期間限定的夜間特別參拜。境內點燈後，呈現出宛如平安繪卷的夢幻美景。

詳細日程請上官網查詢。別忘了收集夜間特別參拜期間的限定版朱印。

1 阿彌陀如來坐像為日本佛像代表藝術家──佛師定朝的作品。供奉在鳳凰堂內，加上光背與台座後，高度超過 4 公尺。2 最能代表平等院的花就是藤花。境內有三處藤架，4 月下旬～5 月上旬是最佳觀賞期。3 乘著雲朵，手持中國傳統打擊樂器「拍板」的南 1 號菩薩。4 翩翩起舞的南 20 號滿月菩薩。

在宇治川河畔
鑑賞茶具極致之美

1 陽光從大片落地窗灑入的茶室，是能聆聽到潺潺流水聲的最佳位置。
2 展示架上擺放著工房燒製的器皿。其中不乏設計時尚的作品。3 抵達工作坊前會先穿過庭院的建築設計頗具巧思。

景 絕
導 景
覽

宇治

6 朝日燒
Shop & gallery

MAP P.132B-3 ☎0774-23-2511

擁有 400 年歷史的朝日燒窯場所開設的商店兼工作坊。在能欣賞到宇治川景色的座位區，每月 20 日都會舉辦陶藝坊，每人 3000 日圓（僅限 5 位）。

地宇治市宇治又振 67 營 10:00 ～ 17:00 休週一、每月最後一週的週二 交京阪宇治站出站後步行 7 分鐘 P 4 台

最佳季節	一年四季

7 絕景導覽

宇治

辻利兵衛 本店

MAP P.132A-3 ☎0774-29-9021

創業超過 150 年的茶商親手打造的茶寮。除提供玉茶、抹茶等正統茶品外，更不惜成本以優質宇治抹茶製作出美味聖代、茶凍，深受饕客喜愛。

🏠宇治市宇治若森 41 🕙10:00～17:00 休週二 🚃JR 宇治站出站後即可到達 ℗ 20 台

最佳季節	一年四季

就讓奢華的宇治抹茶聖代
伴你走過幸福時光

❶以日式時尚風格呈現的店內裝潢。❷擺滿 9 種素材的宇治抹茶聖代──宇治譽（1782 日圓）。❸佇立在閑靜住宅區裡的茶寮。

8 絕景導覽

宇治

三室戶寺

MAP P.132C-2 ☎0774-21-2067

6 月中旬～7 月中旬，別名「紫陽花寺」的三室戶寺境內佔地 5000 坪大庭院，會開滿萬朵粉藍、粉紅的嬌媚紫陽花。

🏠宇治市莵道滋賀谷 21 🕙8:30～16:30（11～3 月至 16:00）※最後入場時間為閉門前 30 分鐘 💰參拜 500 日圓 ※紫陽花園開園期間為 800 日圓（寶物館另加收 500 日圓）休 12 月 29 日～31 日（寶物館只開放每月 17 號 9:00～09:20）🚃京阪三室戶站出站後步行 15 分鐘 ℗ 200 台（1 次 500 日圓）

最佳季節	夏

❶若在大庭園找到罕見的心形紫陽花拍照打卡，一定會造成轟動。❷本堂前的蓮園於 6 月下旬～8 月上旬會有 250 盆蓮花綻放。❸美麗的朱紅色山門。

Okobu北清

MAP P.132B-2 ☎075-601-4528

售有高湯昆布、鰹魚的咖啡館＆酒吧。此外，還能品嚐到結合了昆布茶、日本酒、高湯等的番菜料理。

🏠京都市伏見区南新地4-52 🕐12:00～14:00（須預約）、18:00～22:00（週六、日為12:00～22:00）休週一 交京阪中書島站出站後即達 P無

月桂冠大倉紀念館

MAP P.132B-2 ☎075-623-2056

由酒廠改建的博物館。不但能在此學習釀酒的歷史、工程，還可試喝。事先預約的話，也能參觀發酵過程。

🏠京都市伏見区南浜町247 🕐9:30～16:30 休全年無休 ¥400日圓起 交京阪中書島站出站後步行5分鐘 P15台

黄檗山 萬福寺

MAP P.4D-3

☎0774-32-3900

在此可品嚐到中式素菜——普茶料理5000日圓起（須預約）。別錯過其中國風格建築與卍字崩紋的裝潢。

🏠宇治市五ケ庄三番割34 🕐11:30～14:30（最後點餐13:00）參拜為9:00～17:00（最後入場16:30）休不定休 交JR 京阪黃檗站出站後步行5分鐘 P50台

總本家Inariya

MAP 附錄 京都街道C-6

☎075-641-1166

一片片以純手工烘烤的狐狸煎餅，有白味噌與芝麻兩種口味，讓人越吃越上癮。3片裝400日圓起。

🏠京都市伏見区深草開土町2 🕐8:30～17:30 休週四（若遇每月1號、不同 定假日則照常營業）交JR稲荷站出站後步行2分鐘 P無

伏水酒藏小路

MAP P.132B-1

☎075-601-2430

能品嚐到17間酒廠生產、超過100種的日本酒與料理。能同時喝到17間酒廠的品酒套餐「枠醉」（1700日圓）最受歡迎。

🏠京都市伏見区納屋町115～平野町82-2 🕐11:30～23:30（各店舖不同）休週二 交京阪伏見桃山站出站後步行7分鐘 P無

酒藏Bar En

MAP P.132B-1

☎075-611-4666

開設在藤岡酒造釀酒廠旁的日本酒酒吧。純米酒1杯486日圓起。酒量不好的話，不妨來顆酒饅頭。

🏠京都市伏見区今町672-1 🕐11:30～18:00 休週三 交京阪伏見桃山站出站後步行5分鐘 P無

寺島屋彌兵衛商店

MAP P.132B-3

☎0774-22-3816

創立於1827的宇治茶專賣店。可在櫃檯試喝當季推薦或限定商品。

🏠宇治市宇治蓮華40-1 🕐9:00～17:30（若遇國定假日則照常營業）交京阪宇治站出站後步行5分鐘 P無

Tama木亭

MAP P.4D-3

☎0774-38-1801

麵包迷必定要來訪的烘焙坊，店內的鹹味硬麵包、甜麵包都深獲好評，焙茶麵包（129日圓）尤其受歡迎。

🏠京都市伏見区五ケ庄平野57-14 🕐7:00～18:45 休週一、二、三 交JR黃檗站出站後步行2分鐘 P6台

通圓

MAP P.132B-3

☎0774-21-2243

於平安時代末期開設的茶舖。能在茶房品嚐到以現磨抹茶粉製成的甜點、茶麵。

🏠宇治市宇治東内1 🕐10:00～17:00 休全年無休 交京阪宇治站出站後步行2分鐘 P無

福壽園 宇治茶工房

MAP P.132B-3

☎0774-20-1100

能體驗宇治茶製作過程的工房。茶寮則提供甜點、茶泡飯等料理，也可到資料館參觀。

🏠宇治市宇治山田10 🕐10:00～17:00（茶寮最後點餐時間為16:00）休週一（遇國定假日則改隔日休）交京阪宇治站出站步行8分鐘 P無

抹茶凍

名物
名產

讓人著迷的Q彈果凍
茶鄉宇治的夢幻逸品

生茶凍（抹茶）
900日圓
感受Q彈口感的同時，還能品嚐到澀中帶甜的抹茶滋味。另外也售有焙茶凍。

伏見
宇治
（名物名品）

丸十聖代（抹茶）
1300日圓
放入滿滿生茶凍、抹茶冰淇淋等的宇治本店限定商品。

生麵 茶蕎麥套餐
1400日圓
可依喜好選擇抹茶鹽或蕎麥麵醬汁，還會附上一碗茶葉香鬆飯。

1854年創立於茶鄉宇治的茶商──中村藤吉本店。位於JR宇治站前的主要道路上，風格獨具的宇治本店，還保留著創業當時茶商屋宅的建築樣式。在能欣賞到樹齡約250年老松的中庭景致的咖啡館，可以品嚐到將抹茶的美妙滋味完整鎖在竹筒裡的超人氣生茶凍丸十聖代、裝在茶壺容器裡的冰涼紅豆湯等個性派甜點，皆是使用創業以來就堅持絲毫不妥協的中村銘茶。

生茶凍是以「安心、安全、讓人鍾愛一生的日常口味」為原則，花了數年時間研發出的原創作法手製而成。一入口，馥郁的抹茶香氣便襲來，口感入口即化，配料會依時節有所調整。店內提供外帶，可以做為宇治之旅的最好伴手禮。

店內也提供新茶季節口感清爽的「新茶凍」、夏天時加了伊予柑的「涼香生茶凍」等，讓人眼睛為之一亮的季節限定商品。

入口右邊的販售區，擺滿中村銘茶、甜點等商品。

坐在陽光灑落的大落地窗前，欣賞庭園美景。

印有屋號「丸十」的門簾也饒富意趣。

想買就到專賣店！

中村藤吉本店 宇治本店
MAP P.132A-3 ☎0774-22-7800
地宇治市宇治壱番10 營10:00～19:00（最後點餐17:30）※依季節調整 休元旦 交JR宇治站出站後步行1分鐘 P 15台

分店情報
平等院 **MAP** P.132B-3
京都車站店 **MAP** 京都街道C-5

讓人更了解旅行意義的「絕景物語」

特產酒、湯豆腐的關鍵都是水
維繫京都命脈的名水

探討豆腐、酒廠、茶湯、友禪染⋯⋯讓京都美食、產業得以蓬勃發展的「地下水」歷史與神奇傳說

京都地底有個容量足以媲美琵琶湖的儲水池

京都是西、北、東3側被群山包圍的盆地。地下堅硬的岩盤，正中央有個凹槽。據說來自琵琶湖的地下水及高山上的湧泉，都流入了這位處深處的沙礫層。這個被稱為「京都水盆」的地下儲水池，儲存了211億頓的水量，足以媲美琵琶湖。最深處是深達800公尺，過去被稱為「巨椋池」的大池。

70多年前位於宇治附近的巨椋池。

豐沛的地下水讓京都從平安時代便開始發展茶湯、友禪等技藝。此外，市內各處出現被稱為「名水」的湧泉，現存水井更超過7000座。

由名水釀出的伏見「女酒」

京都西側為無法出水的黏土層，因而轉為南北向發展，人們也因此移居湧出充沛水源的伏見。伏見的地名亦是來自「伏水」。伴隨都市的發展，活用湧泉的酒廠也如雨後春筍般出現。

清酒成分裡，水就佔了八成以上，因此水的成分將大大影響酒的味道。伏見的水是鈣、鎂等硬度成分含量恰到好處的中硬水，能釀造出酸度較低，口感細緻的清酒。而另一個也以產酒聞名之地——兵庫，因使用含較多礦物質的硬水，釀出稍微偏酸的辣口酒。也因此，伏見的酒被稱為「女酒」，兵庫的酒則被稱為「男酒」。

因862湧出的「御香水」而得名，也被列入日本名水百選。

御香宮神社
MAP P.132C-1 ☎075-611-0559
地京都市伏見区御香宮門前町174 營9:00～16:30（石庭參拜）休偶有臨時休館日 ¥200日圓（石庭參拜）交京阪桃山站／近鐵桃山御陵前站出站後步行7分鐘 P100台

伏見擁有超過20家以上的酒廠

因水運發達而成為水陸交通要塞的伏見，米、柴煤、樽材等釀酒原料或酒桶，都能以船運來此地，也促成了釀酒業的蓬勃發展。

據說1657年伏見共有83家酒廠，目前仍有20多家。也因此打造出濠川沿岸白壁土藏櫛比鱗次的壯麗風情。

能在直賣所試喝，也是產地才能體驗到的醍醐味。某些酒廠也有對外開放參觀或設有使用自家釀酒烹調料理的美食餐廳。若能學習更多酒類相關知識的話，可到「月桂冠大倉紀念館」一遊，在此可以學到伏見酒廠與日本酒的歷史。

2016年時，能品嚐到17間酒廠產酒的「伏水酒藏小路」正式開幕，發展出更多旅行時的飲酒樂趣。

藤岡酒造
MAP P.132B-1
500ml的蒼空
1836日圓起

黃櫻Kappa Country
MAP P.132B-1
金印 黃櫻 Kappa杯
180ml 212日圓

月桂冠大倉紀念館 ▶P.144
伏水酒藏小路 ▶P.144

THEME
GUIDE

主題式
名勝導覽

藝術 ▶P.148

佛像 ▶P.152

知名建築 ▶P.154

還有！還有！
古都世界遺產 ▶P.156

京都名勝導覽 絕景

主題式名勝導覽

天花板上多達160張的圖畫

花天井

日本最具代表性的書法家、畫家，以花朵、日本風景為題所描繪的美圖，裝飾在客殿天花板上。裡面還藏著4張畫有春、夏、秋、冬舞妓的圖畫，充滿令人心曠神怡的華麗感。想躺在榻榻米上仔細欣賞也沒問題。

宇治

1 絕景導覽

正壽院

MAP **P.4D-3** ☎**0774-88-3601**

擁有 800 年以上歷史，供奉祕佛十一面觀音及佛師教主——快慶製作的不動明王像。心型豬目窗人氣狂飆中！

🏠綴喜郡宇治田原町奧山田川上 149 🕘9:00～16:30（冬季至 16:00）💰 500 日圓 休會因例行儀式公休 🚃自京阪宇治公車維前中轉搭社區公車至奧山田下車後步行 10 分鐘 Ｐ 60 台

1 2 客殿的春季點燈與夏季例行的風鈴祭，採事先預約制。

每一張優美的
花鳥風月圖，
都必須用心體會。

主題式名勝導覽〔藝術〕

info 前往正壽院的
交通方式

離正壽院最近的車站是 JR 京阪宇
治站。搭公車的話，要在京都車
站搭乘京阪宇治公車往維中前、
綠苑坂、工業團地方向，約半小
時後在維中前站牌下車，再轉搭
社區公車。15 分鐘後在奧山田下
車，再步行 10 分鐘。搭計程車的
話，從維中前出發，約 10 分鐘。

重森三玲所設計的現代風市松圖樣庭院

本坊庭園

是以方丈為中心，由環繞在東、西、南、北四個方向的庭園所組成。青苔與石頭呈現出市松圖樣的北庭、傳統枯山水的南庭、七星將東石組成的北斗七星東庭，以及北斗七星東庭，以及排成北斗七星東庭，子排成北斗七星、將東石月杜鵑的西庭等多樣化觀光景點。

2 絶景導覽
京都車站周邊

東福寺

MAP 拉頁・京都街道C-6 ☎ 075-561-0087

以紅葉聞名的禪寺，其中又以通天橋的觀賞角度最佳。昭和最具代表性的庭園造景大師——重森三玲所設計的本坊庭園，也是必看景點。

地京都市東山区本町 15-778 時 9:00～16:00（11～12 月上旬 8:30～、12 月上旬～ 3 月至 15:30）費境內自由參觀（通天橋、開山堂 400 日圓，本坊庭園 400 日圓）休全年無休 交 JR ／京阪東福寺站出站後步行 10 分鐘 P 30 台（秋季參拜期間不開放）

最佳季節　　　一年四季

藝術
ART

描繪小野小町一生的嶄新襖繪（屏障畫）

極彩色梅匂小町繪圖

以華麗畫風呈現小野小町一生的襖繪，用色大膽，讓觀者眼睛為之一亮。這幅作品是由兩位以京都為據點的男性藝術師所組成的「不倒翁商店」的創作。

3 絶景導覽
宇治

隨心院

MAP P.4D-3 ☎ 075-571-0025

與據傳為平安時代女流歌人——小野小町頗有淵源的寺廟。觀賞得到晚開唐隸色梅花的知名景點，3 月最後一個週日會舉辦唐隸舞相關活動。

地京都市山科区小野御靈町 35 時 9:00～16:30 費境內自由參觀（本堂參拜、梅林入園各 500 日圓）休不定休交地下鐵小野站步行 7 分鐘 P 50 台

最佳季節　　　一年四季

以豪華桃山美術點綴的歷史大舞台

二之丸御殿　障壁畫

絕景導覽

4 元離宮二條城
二條城

MAP P.73A-1
☎075-841-0096

德川家康於 1603 年興建，做為將軍來到京都時的居所。包含雕刻、純金裝飾、狩野派繪製的障壁畫等，各式華麗精湛的裝飾藝術都值得一看。

🏠京都市中京区二条通堀川西入二条城町 541 🕐8:45～16:00（閉城 17:00）💰600 日圓，二之丸御殿加收 400 日圓 休須洽詢 🚌市公車二條城前下車後步行 2 分鐘 🅿有（須付費）

最佳季節　一年四季

info 櫻花大盛之景

城內盛開著 300 多株以上的櫻花，十分引人注目，彷彿在黑暗中飄浮著一個神祕的世界。

🕐3 月下旬～4 月中旬 18:00～21:00（21:30 閉城）💰600 日圓

二之丸御殿內的障壁畫總計超過 3600 幅，其中有 1016 幅被列為日本重要文化財。這些障壁畫都是由狩野探幽領銜的狩野派所創作的。其中有許多都是貼有金箔，展現華麗特色的作品。

優美如畫的額緣庭園

盤桓園

以抹茶與和菓子放鬆身心吧！800 日圓（含入場費）。

取自「無法輕易離去」之意的盤桓園，敷居（門楣）、鴨居（門檻）、梁柱、長押（門楣橫木）排列起來，就像是長方形的畫框，讓屋外的楓葉、竹林景致，變成了一副美麗風景畫。若想欣賞到最優美的景色，建議大家坐在客殿最深處。

主題式名勝導覽（藝術）

絕景導覽

5 寶泉院
大原

MAP P.4D-1 ☎075-744-2409

平安末期由僧侶所建造，境內有包含 700 年樹齡的五葉松、伏見城遺跡血天井，以及罕見的二連式水琴堀等眾

佛像
BUDDHA

出自空海之手的21尊佛像世界

立體曼荼羅

弘法大師空海為了讓人們更了解密教中諸佛的世界「曼荼羅」，親手打造的，以最高尊的大日如來為中心，左右兩旁設置了21尊佛像，包含了16尊國寶與5尊重要文化財。

提供 便利堂

6 絕景導覽　　　　京都站周邊

東寺（教王護國寺）
MAP 拉頁・京都街道B-6
☎075-691-3325

平安遷都時，以國家鎮護之寺的名義創建。823年，嵯峨天皇將此寺賜給弘法大師空海，自此成為真言密教的根本道場。

地京都市南區九条町1 靊 8:00～16:30 最後入場（閉門時間為17:00）靊境內自由參觀（金堂、講堂 500日圓）休全年無休 交京都站出站後步行15分鐘 P 50台（須付費）

最佳季節　　　　　一年四季

1 想拜訪立體曼荼羅，須至講堂參拜。**2** 東寺的五重塔是日本最高的木造建築。

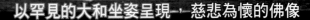

以罕見的大和坐姿呈現，慈悲為懷的佛像

7 三千院門跡

絶景導覽 | 大原

MAP P.4D-1 ☎075-744-2531

天台宗的門跡寺院。院內擁有綠意盎然苔庭與杉木立的有清園，以及可從客殿眺望的池泉觀賞式的聚碧園。也是欣賞紫陽花、紅葉的知名景點。

🏠京都市左京区大原来迎院町540 🕐3月～12月7日為8:30～17:00、12月8日～2月為9:00～16:30 💰700日圓 休全年無休 🚃京都公車大原下車後步行10分鐘 P無

最佳季節｜一年四季

阿彌陀三尊坐像

供奉在往生極樂院裡的本尊，以阿彌陀如來為中心，兩旁的佛像以少見的大和坐姿盤坐著，身體微微前傾，展現「迎接即將前往極樂淨土之人」的意境。

主題式名勝導覽〔佛像〕

8 三十三間堂（蓮華王院）

絶景導覽 | 京都站周邊

MAP 拉頁・京都街道C-5

☎075-561-0467

三十三間堂之名，是取自「120公尺長的正殿裡，由立柱隔出的33個空間」，正式名稱為蓮華王院。高達1001尊的千手觀音立像排排站的畫面，令人為之震撼。

🏠京都市東山区三十三間堂廻り町657 🕐8:00～16:30、11／16～3／31為9:00～15:30 💰600日圓 休全年無休 🚃市公車博物館、三十三間堂前下車後即可到達 P 60台

最佳季節｜一年四季

讓人為之震撼的1001尊佛像

千尊千手觀音立像

本堂裡有1000尊千手觀音立像與1尊中尊千手觀音坐像。千手觀音立像中，有124尊為平安時代末、876尊為鎌倉時代重新修復。為日本重要文化財，2018年升級為國寶。

153

知名建築 BUILDING

紅磚復古洋樓

舊・日本銀行京都分店

9 絕景導覽　　　　　　　烏丸

京都文化博物館別館

MAP P.72D-2 ☎075-222-0888

三條通上最具代表性的紅磚別館，是活躍於明治至大正時期的建築師——辰野金吾所設計。天花板挑高、大方的室內空間，也是必看景點。

🏠京都市中京區三条高倉 🕐10:00～19:30 休週一（若遇國定假日改隔日休）交地下鐵烏丸御池站出站後步行3分鐘 P 30台（須付費）

歷代蒸氣火車排排站，場面十分壯觀！

重要文化財的扇形車庫

10 絕景導覽　　　　　　京都車站周邊

京都鐵道博物館

MAP 拉頁・京都街道B-5 ☎0570-080-462

收藏了總計53輛包括最古老的蒸氣火車（SL）到最新型新幹線的博物館。車庫本身也是日本現存最古老的鋼筋水泥建築。

🏠京都市下京區觀喜寺町 🕐10:00～最後入場17:00 💰1200日圓 休週三（若遇國定假日及春假、暑假，則照常營業）交市公車梅小路公園・京都鐵道博物館前下車後即可到達 P 無

京都歷史最悠久的西式甜點店

昭和復古建築的代表

11 絕景導覽　　　　　　　河原町

村上開新堂

MAP P.51B-2 ☎075-231-1058

創立於1907年，除傳承樸實美味的俄羅斯蛋糕外，第四代研發的寺町香草布丁、瑪德蓮，都是人氣商品。

🏠京都市中京區寺町二条上ル常盤木町62 🕐10:00～18:00、咖啡館至17:00（最後點餐16:30）休週日、國定假日、每月第三個週一 交地下鐵京都市役所前站出站後步行5分鐘 P 無

位於老店林立的寺町通上，店內也設有咖啡店。

在古典洋館裡度過優雅的時光

明治菸草王的迎賓館

12 絕景導覽　祇園

甜點咖啡長樂館

MAP P.26D-1 ☎075-561-0001

為明治時代企業家村井吉兵衛招待貴賓所興建的迎賓館，可在迎賓室享受下午茶時光。

地京都市東山区八坂鳥居前東入ル円山町604 營11:00～19:00（最後點餐）※下午茶時間為12:00～18:00（分兩梯次）休不定休 交京阪祇園四條站出站後步行10分鐘 P 10台

1 隔壁就是綠意盎然的圓山公園。**2** 掛在天花板上的巴卡拉水晶吊燈閃爍迷人。**3** 下午茶套餐1人4320日圓（須預約，2名起）

走過800年歷史的知名庭院

與名庭融為一體的現代設計

庭園具

1 以和傘為設計概念，造型時尚的飯店正面玄關。**2** 飯店內的餐廳「Brasserie」是擁有超大落地窗的寬敞空間，可以將庭園的美景盡收眼底。

13 絕景導覽　祇園

京都四季飯店積翠亭

MAP 拉頁·京都街道C-5 ☎075-541-8288

內有平安末期的遺址「積翠園」的數寄屋建築「積翠亭」，欣賞庭園隨四季變化的同時，白天可享用抹茶與和菓子，晚上則可搭配香檳與日本酒。

地京都市東山区妙法院前側町445-3 營積翠亭14:00～21:00（詳情請上官網查詢）休全年無休 交京阪七條站出站後步行10分鐘 P 70台

飛雲閣在2020年3月前進行修復工程。

西本願寺　　　　京都車站周邊

MAP 拉頁·京都街道　☎ 075-371-5181

淨土真宗本願寺派的本山。寺內可見與金閣、銀閣並稱京都三名閣的飛雲閣，是桃山時代最具代表性的建築寶庫。

地京都市下京区堀川通花屋町下ル 營 5:30～17:00 費境內自由參觀 休全年無休 交市公車西本願寺前下車後即可到達 P 參拜者專用停車場

上賀茂

下鴨神社周邊

上賀茂神社　**MAP** 拉頁·京都街道B-1　☎ 075-781-0011

歷史最悠久的神社之一。列入國寶的本殿、以神明降臨的本山為造型的立砂等，營造出神聖氣氛。

地京都市北区上賀茂本山339 營 8:00～17:00（特別參拜10:00～16:00、週六、日及國定假日～16:30）費境內自由參觀（特別參拜500日圓）休全年無休 交市公車上賀茂神社前下車後即可到達 P 170台（須付費）

下鴨神社　**MAP** 拉頁·京都街道C-2　☎ 075-781-0010

被原生林所環繞的下鴨神社是京都超高人氣的能量景點，也是前來祈求開運、姻緣等信仰中心。

地京都市左京区下鴨泉川町59 營 6:30～17:00（大炊殿10:00～16:00）費境內自由參觀（大炊殿500日圓）休全年無休 交市公車下鴨神社前下車後即可到達 P 100台（須付費）

宇治

醍醐

宇治上神社　**MAP** P.132B-3　☎ 0774-21-4634

平安後期興建的本殿與鎌倉時代的拜殿，皆被列為國寶。此外，境內還有名列宇治七名水之一的桐原水，至今仍源源不斷地湧出。

地宇治市宇治山田59 營 9:00～16:30 費境內自由參觀 交京阪宇治站出站後步行10分鐘 P 無

醍醐寺　**MAP** P.4D-3　☎ 075-571-0002

平安時代就有「花之醍醐」之稱的知名賞櫻景點。開滿櫻花的4月第2個週日，會舉辦豐太閣賞花遊行。

地京都市伏見区醍醐東大路町22 營 9:00～17:00（12月第1個週日隔天至2月底～16:30，最終入場至各館閉館前1小時為止）費三寶院、靈寶館、伽藍參拜800日圓（春、秋季為1500日圓）、上醍醐600日圓 休無 交地下鐵醍醐站步行10分鐘 P 100台（須付費）

156

SHOPPING GUIDE

京都

購物

京之四季
（四疊半）
3600日圓
在以茶室空間為設計概念的木盒中，裝入象徵四季的乾菓子。A

將京都之美通通濃縮其中！
和菓子的世界觀

京都菓子

絹滴
1400日圓
口感讓人驚豔的落雁，還加了一休寺納豆。A

京之四季
1100日圓
外盒為六角造型，內容物如紅葉等會隨季節變更。A

伴隨抹茶文化一起演變至今的京都菓子，外觀也相當華麗。能讓人感覺到四季的更迭與美感。

品嚐吧！
帶一份能讓人回想起旅途點點滴滴的華麗甜點回家

典雅京菓子

瓢雪
1620日圓
將紅豆餡與椰子完美結合的羊羹。C

翁飴
430日圓
以寒天與麥芽糖製成，口感獨特的糖果。C

京風船
25片裝1080日圓
印有淡淡砂糖模樣的麩烤仙貝。B

C 蒼穹　　　祇園

MAP P.27B-2 ☎075-532-1818
地京都市東山区川端四条下ル宮川筋4-311-6 1F 營11:00～17:00 休週一、每月第二個週日 交京阪祇園四條站出站後步行7分鐘 P無

B 京菓子司 末富　　　烏丸

MAP 拉頁·京都街道C-4 ☎075-351-0808
地京都市下京区松原通室町東入ル 營9:00～17:00 休週日、國定假日 交市公車烏丸松原下車後即可到達 P無

A 龜末廣　　　烏丸

MAP P.73C-1 ☎075-221-5110
地京都市中京区姉小路通烏丸東入ル 營8:30～18:00 休週日、國定假日 交地下鐵烏丸御池站出站後即達 P無

洋風時尚甜點

京風巧克力

京風餅乾

D 京飴
Crochet
京都本店
🗺 **MAP P.73D-3**
☎ **075-532-1818**
🏠京都市東山區川端四條下ル宮川筋4-311-6 1F ⏰11:00～17:00 🈺週一、每月第二個週日 🚇京阪祇園四條站出站後步行7分鐘 🅿無

瑟堡的雨傘
648日圓
優格口味，靈感來源是電影《秋水伊人》女主角的洋裝。**D**

白無垢
648日圓
色彩與命名都給人一種純潔無瑕印象的櫻花口味糖。**D**

京櫻
648日圓
讓人回想起京都櫻花的櫻花口味商品。**D**

加加阿
巧克力棒棒糖
各430日圓
橘子×微苦巧克力、草莓×微苦巧克力等共有3種口味。**E**

E Malebranche
加加阿365
祇園店
🗺 **MAP P.27C-1**
☎ **075-551-6060**
🏠京都市東山区祇園町南側570-150 ⏰10:00～18:00 🈺全年無休 🚇市公車祇園下車後步行3分鐘 🅿無

加加阿365
1080日圓（2個）
366天都會印上不同「花紋」的巧克力。**E**

閃電泡芙
各430日圓
花街才有的可愛造型閃電泡芙。**E**

F 萬治咖啡館
🗺 **MAP P.27C-2**
☎ **075-551-1111**
🏠京都市東山区祇園町南側570-118 ⏰11:00～19:00 🈺週三 🚇京阪祇園四條站出站後步行5分鐘 🅿無

七味餅乾
864日圓
做成祇園石階造型的餅乾。**F**

祇園餅乾
萬治選
2808日圓
精心挑選最具祇園特色的6種造型餅乾。**F**

傳統伴手禮進化地更加可愛。
千萬別錯過充滿藝術氣息的生八橋！

季節生菓子
2入594日圓
融入繽紛季節感的新感覺生八橋。

carré de cannelle
108日圓起
將水果、紅豆餡包入生八橋裡製成的甜點。

nikiniki 　河原町
🗺 **MAP P.27B-1** ☎ **075-254-8284**
🏠京都市下京区四条西木屋町北西角 ⏰10:30～19:00 🈺不定休 🚇京阪急河原町站出站後步行1分鐘 🅿無

古都美味

濃縮和食精髓的飯友香鬆、
造形華麗的伴手禮等，
餐桌增添多樣色彩的美味
通通都在這兒！

每一天的餐桌上都看得到的京都美味

飯友香鬆

八百三的柚味噌
（陶器裝・小）
3600日圓
以小巧可愛的陶器盛裝的柚子味噌，
塗在麵包上也很好吃。**F**

京漬物MORI的
醃漬物
（千枚漬702日圓、漬小紅蘿蔔
540日圓、季節千層756日圓）
連種植蔬菜的土壤都相當
講究的醃漬物。**C**

一保堂茶舖的嘉木
（小罐裝・105g）
3240日圓
茶舖老店的熱賣
商品。香氣與甜味
都相當濃郁的煎
茶。**A**

本田味噌本店的
一碗味噌湯
5包裝1080日圓
倒入熱水就能品嚐
到味噌老店的美味
湯品。**F**

東雲的
小魚山椒
100g裝1080日圓
溫醇的口感搭配山
椒的香氣，相當下
飯。**E**

中村軒的
茶泡鰻魚
2950日圓
昆布絲
100g裝620日圓
將不加任何醬汁烤
成的鰻魚加入山椒
一起燉煮，是和菓
子店的招牌。**D**

湯葉彌的
現作腐皮
1296日圓
入口即化的口感與
黃豆的濃郁香氣，
堪稱一絕。**B**

A 一保堂茶舖
MAP P.51B-2
☎075-211-3421
地京都市中京区寺町
通二条上ル 營9:00～
18:00 休全年無休 交
地下鐵京都市役所前
站步行5分鐘 P3台

B 湯葉彌
MAP 拉頁京都街道B-5
☎075-211-3421
地京都市下京区中堂庄
ノ内町54-6 營8:30～
17:30 休週日、三與國定
假日不定休 交JR丹波
口站步行5分鐘 P無

G 本田味噌本店
MAP P.92F-3
☎075-441-1131
地京都市上京区室町通
一条558 營10:00～
18:00 休週日 交地下鐵
今出川站出站後步行6
分鐘 P4台

F 八百三
MAP P.72D-2
☎075-221-0318
地京都市中京区姉小
路通東洞院西入ル 營
9:00～18:00（國定假
日10:00～17:00）休
週四、日 交地下鐵烏丸
御池站出站後步行3分
鐘 P無

E 東雲
MAP 拉頁・京都街道 C-1
☎075-491-9359
地京都市北区小山元町
53 營9:00～17:00 休
週日、國定假日、每月
第2個週六（1、7、
12月照常營業） 交地
下鐵北大路站出站後步
行8分鐘 P2台

D 中村軒
MAP 拉頁京都街道A-5
☎075-381-2650
地京都市西京区桂
浅原町61 營7:30～
18:00（茶店為9:30～
17:45）休週三 交阪急
桂站出站後步行15分
鐘 P8台

C 京漬物MORI
本社三條店
MAP 拉頁京都街道A-4
☎075-802-1515
地京都市右京区西院
金槌町15-7 營9:00～
18:00 休全年無休 交地
下鐵西大路御池站出站
後步行8分鐘 P8台

I CRICKET

MAP P.93C-2
☎ 075-461-3000
地京都市北区平野八丁柳町 68-1 サニーハイム金閣寺 1F 營 10:00～18:00 休二不定休 交市公車衣笠校前下車後步行 3 分鐘 P無

水果三明治
1200日圓
水果專賣店的三明治。草莓、奇異果等水果種類豐富。**H**

水果冰棒
480日圓
吃得到冷凍水果般的口感。夏季販售。**I**

檸檬果凍
700日圓
用整顆檸檬製成的果凍，酸味清爽。**I**

H 麩嘉

MAP P.92F-3
075-231-1584
地京都市上京区西洞院通椹木町上ル東裏辻町 413 營 9:00～17:00 休週一、每月最後一個週日（1～8月）交地下鐵丸太町站步行 10 分鐘 P 3 台
※商品須預約

栗麩
648日圓
使用國產餅栗，可當成火鍋配料或炸天婦蘿等。**H**

麩嘉饅頭
5個裝1134日圓

將紅豆餡包入加了海苔的麻糬皮裡，為本店招牌。
H

K 佐佐木酒造

MAP P.92E-3
☎ 075-841-8106
地京都市上京区日暮通椹木町下ル北伊勢屋町 727 營 10:00～17:00（販賣部）休週日、國定假日（販賣部）交地下鐵二條城前站出站後步行 10 分鐘

聚樂第 純米大吟醸
720ml 3240日圓
吟醸酒氣裡帶有淡雅果香的招牌商品。**K**

聚樂第 大吟醸
EXTRA PREMIUM
720ml 5400日圓
以聚樂第誕地的名泉・銀明水釀成。3月起開賣，數量有限。**K**

黑蜜
486日圓
原料為沖繩的波照間產黑糖的黑蜜。**J**

白蜜
378日圓
以冰糖製成，除了淋在甜品上，也可以加在咖啡裡。**J**

J 北尾

丹波口本店

MAP 拉頁·京都街道 B-5
☎ 075-312-8811
地京都市下京区西七条南中野町 47 營平日 9:00～17:30（週六至 17:00）休週日、國定假日 交市公車七條御前通步行 1 分鐘 P 2 台

平安四神BLACK
大吟醸（720ml）
2571日圓
可當成餐前酒的大吟醸，口感微辣。**K**

平安四神RED
純米大吟醸（500ml）
3240日圓
香氣迷人口感清爽的純米吟醸。**K**

酒

黑豆

長桐刷
1700日圓
手工編製而成的棕櫚製品。 **A**

京雜貨

找尋
相伴一生
的
夢幻逸品

想在京都買一些兼具美感
與實用性的生活用品嗎？
來找找能充分展現匠師們精湛手藝
與品味的京都雜貨名店吧！

桐刷
1700日圓
連一點小灰塵
都能掃得一乾
二淨的掃帚。 **A**

A 內藤商店

棕櫚小掃帚
1700日圓
自古以來，匠師
最常用的掃除道
具。 **A**

MAP P.72F-2
☎075-221-3018
地京都市中京区三
條大橋西詰北側 營
9:30～19:30 休不
定休 交京阪三條站
出站後步行2分鐘
P無

傳統與現代的調和

讓人一眼就愛上的京都雜貨

老店名品

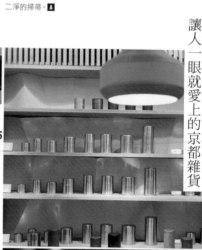

B 開化堂

MAP 拉頁·京都街道C-5
☎075-351-5788
地京都市下京区河原
町六条通東入ル 營
9:00～18:00 休週
日、國定假日、每月
第一個週一 交京阪
清水五條站下車步行
5分鐘 P無

銅 四葉草
平型 200g
16200日圓
上下兩側皆為茶
蓋的設計，開闔
更方便。花紋設
計也頗具現代
感。 **B**

銅 青海波
平型 200g
25920日圓
以雙重構造打造
而成，氣密度極
高的茶罐。 **B**

小丸
各3780日圓
以京提燈的技法與和
紙打造而成的燈飾。 **C**

C 小菱屋

忠兵衛 (小嶋商店)

MAP 拉頁·京都街道C-5
☎075-561-3546
地京都市東山区今
熊野柳ノ森町11-
24 營9:00～18:00
（週日、國定假日～
12:00）休無 交市公
車泉涌寺道站下車即
達 P無

162

F 尾張屋
MAP P.51C-3 ☎075-561-5027
地京都市東山区新門前通大和大路東入ル西之町 營 8:00～19:00 休不定休 交京阪祇園四條站出站後步行 10 分鐘 P 無
祇園

E 永樂屋 細辻伊兵衛商店 本店
MAP P.73C-2 ☎075-256-7881
地京都市中京区室町通三条上ル役行者町 368 營 11:00～19:00 全年無休 交地下鐵烏丸御池出站後步行 3 分鐘 P 無
烏丸

D 竹笹堂
MAP P.73B-3 ☎075-353-8585
地京都市下京区綾小路通西洞院東入る新釜座町 737 營 11:00～18:00 休週三 交市公車四條西洞院下車後步行 2 分鐘 P 無
烏丸

町家手巾
舞妓四季
1728日圓
以現代時尚技巧呈現四季變化與舞妓之美。E

書套
864日圓起
以手刻木版畫印製而成的書套。D

香香球
2顆388日圓
將香料放入色彩繽紛的彩球中，也具有除蟲效果。F

貿
10顆（5色）388日圓
平常就能拿來用的原創商品。F

香氛製品

御朱印帖
3240日圓
封面使用的是手巾布料。E

布製品

桃太郎小盒
3240日圓
以靈感來自桃太郎的木版畫印製而成，手掌大小的盒子。D

紙製品

薰薰系列
玫瑰
540日圓
線香專賣店特製商品，香氣溫醇。F

御朱印帖
各3132日圓
使用傳統工藝紙、木版手刻的京唐紙製作而成。G

薰薰系列
薰衣草
486日圓
華美沉穩的香氣，讓人印象深刻。F

口金包
各4968日圓
以京都景色為設計概念的原創圖紋。E

御朱印帖
各2916日圓
封面圖樣包括京都群山等，款式五花八門。E

御朱印帖
各3132日圓
京唐紙老店設計的復古摩登花紋。G

I 香老舖 松榮堂 薰薰
MAP 拉頁・京都街道C-5 ☎075-693-5590
地京都市下京区東塩小路高倉町 8-3 JR東海 京都駅八条口側 1F アスティロード内 營 9:00～21:00 休無 交京都車站出站即達 P 無
京都

H petit à petit
MAP P.51B-2 ☎075-746-5921
地京都市中京区寺町通夷川上ル藤木町 32 營 10:30～19:00 休全年無休 交南地下鐵京都市役所前站出站後步行 7 分鐘 P 無
河原町

G 唐丸
MAP P.72D-3 ☎075-361-1324
地京都市下京区高辻通柳馬場西入ル泉正寺町 460 營 10:00～17:30 休週一、日、國定假日 交地下鐵四條站步行 6 分鐘 P 無
烏丸

京都車站伴手禮

伴手禮的寶庫，京都車站。
趁著回程列車還沒發車前，
逛逛伴手禮店＆人氣伴手禮！

人氣甜點

豆渣雪球
（原味）
6顆216日圓
原料來自日本國產黃豆
的豆渣，口感蓬鬆。**A**

京都甜蛋糕捲
368日圓
生奶油裡加了黃豆醬。
A

京都豆乳奶油蛋糕
（原味）
314日圓
加了豆乳，口感紮實又
不失鬆軟。**A**

必買伴手禮

茶之菓 10片裝1490日圓
濃茶貓舌餅乾內夾白色
巧克力，層次分明。**A**

近鐵名店街
A MIYAKOMICHI
MAP 拉頁·京都街道C-5
☎075-691-8384

🍴餐廳 11:00～22:00、輕食·喝
茶 9:00～20:00（某些店鋪會於
清晨·深夜營業）、商店·諮詢服
務 9:00～20:00（部份店鋪會營
業至 20:00 以後）休全年無休

A 近鐵名店街
MIYAKOMICHI

近鐵電車
剪票口

近鐵京都站飯店

JR 京都伊勢丹
美食街
[JR 西口剪票口前 美食廣場]

京都綜合觀光遊客服務中心 京NAVI

N

Big Camera
JR 京都車站店

B JR京都伊勢丹

京都車站大樓服務中心

中央郵局

京都車站大樓專賣店街
The CUBE（改建中）

季節便當
3780日圓
由京料理老店
「播清」製作，
能充分展現季節
感的便當餐盒。**B**

鯛魚散壽司
2700日圓
紫野和久傳親自
操刀。主角是鯛
魚生魚片。**B**

B JR京都
伊勢丹
MAP 拉頁·京都街道C-5
☎075-352-1111

ジェイアール
京都伊勢丹·大代表
🍴10:00～20:00（餐
廳7至10樓11:00～
23:00、11樓11:00～
22:00）休不定休

週日限定

名代豆餅
2顆360日圓
鷹嘴豆的鹹味畫龍點睛
的軟Q麻糬。**B**

必買伴手禮

蕎麥花餅
90g324日圓
使用的原料與蕎麥麵
相同，加了砂糖、
蛋製作而成的樸實甜
點。**B**

京都必買伴手禮 販賣地點一覽表

京都伴手禮裡最受
男女老幼喜愛的長壽
商品。雖然在很多伴
手禮店都買得到，但
可以拿著這張表格
一次買齊。就算某家
店大排長龍或銷售
一空，也能不慌不忙
地找到下一家店。

	茶之菓	阿闍梨餅	蕎麥花餅	御池煎餅
近鐵名店街 MIYAKOMACHI	○	○	×	×
京都車站前地下街 Porta	○	○	○	○
ASTY 京都	○	○	×	○
JR 京都伊勢丹	○	○	○	○
京都塔 SANDO	○	×	×	×

C ASTY
京都
MAP 拉頁·京都街道C-5
☎075-662-0741
（平日9:00～17:00）
營依店鋪有所不同
休全年無休

nikiniki小饅頭
5顆裝1188日圓
一口大小的上用
米粉小饅頭。共
有肉桂、檸檬等
5種口味。**C**

限定商品

丸平口金包 1080日圓
KARANCOLON 京都
的京都車站限定店。魚
鱗花紋為其特色。**C**

必買伴手禮

御池煎餅
22片裝1350日圓
以糯米粉製成的麩烤
仙貝。口感清脆。**C**

人氣甜點

SIZUYA PAN
220日圓起
抹茶外皮、加了栗子等，擁有
超過10種口味的紅豆麵包。**C**

D 京都車站前地下街
Porta
MAP 拉頁·京都街道C-5
☎075-365-7528
營10:00～21:00、餐
廳11:00～22:00（早
餐7:30開始）休不
定休

濃茶太卷
1200日圓
滿滿都是香氣濃郁的濃
茶。也可以買回家慰勞
自己喔。**D**

濃茶
細卷
500日圓
以濃茶甜點聞名的京都北
山 MALEBRANCHE 推出
的 Porta 限定商品。**D**

人氣甜點

Dari K Premium
巧克力
5片裝1080日圓
貓舌餅乾內夾著微苦巧
克力。**D**

必買伴手禮

阿闍梨餅
一盒10顆1188日圓
Q彈外皮包入滿滿高
級紅豆餡，吃得出紅豆
顆粒口感。**D**

C ASTY京都

新幹線中央口

JR京都車站
行李保管、寄送服務

京都塔格蘭比亞大飯店

JR京都車站鐵路遊客服務中心

JR線中央剪票口

JR京都車站行李推運服務

烏丸中央口

京都車站前市公車、
地下鐵遊客服務中心

八條口

D 京都車站前地
Porta

E 京都塔SANDO

網羅最新美食＆伴手禮的
京都塔SANDO

ochobo mini
各550日圓
UCHU wagashi
（1F）的日式點
心「落雁」，共
有6種口味。**E**

生菓子菓冰棒
1根250日圓
加了MALEBRANCHE
（1F）濃茶、味道
超濃郁的冰棒，
是京都塔SANDO
限定商品。**E**

京手絹
各1026日圓
和風雜貨與線香專賣店
──井和井（1F）的動
物圖樣手絹。**E**

E 京都塔SANDO
MAP 拉頁·京都街道C-5
☎075-746-5830（9:00～20:00）
地京都市下京区烏丸通七条下
る東塩小路721-1 營11:00～
23:00（B1F）、9:00～21:00
（1、2F）※店鋪有所不同 休
全年無休 交JR京都車站地下
道直通（步行2分鐘）P無

165

京都市內的交通方式

🚌 市公車

204 從北大路公車轉運站出發，往大德寺、金閣寺、岡崎方向、銀閣寺的公車（也有回程班次）。
1小時／4～5班

205 從九條車庫出發，前往東寺、京都車站、四條河原町、下鴨神社。此外，也有經由金閣寺方向、西大路通，前往京都水族館的班次。
1小時／7～8班

206 從北大路公車轉運站出發，南下往千本通。經四條大宮、京都車站、三十三間堂、五條坂、祇園（也有回程班次）。
千本通1小時／4～5班　東山通 1小時／8班

🚌 洛公車

100 系統
三十三間堂、清水寺、祇園、永觀堂、銀閣寺等。
7～8分鐘1班。
車輛顏色：粉紅

101 系統
元離宮二條城、北野天滿宮、金閣寺、大德寺等。
15分鐘1班。
車輛顏色：綠色

102 系統
銀閣寺、京都御所、北野天滿宮、金閣寺等。
30分鐘1班。
車輛顏色：黃色

清水寺、二條城、金閣寺等3條路線，連接京都主要觀光景點。

😊 **230日圓均一車資，可前往主要觀光景點**
就像「京都觀光就搭乘洛公車」所說的，公車幾乎走遍了京都最具代表性的觀光景點！

😣 **只有3條路線，只能前往主要的觀光景點**
公車只跑京都的主要觀光景點，路線以外或郊外景點的話，就無法前往。

🚌 100 日圓循環公車

烏丸御池 ← 京都市役所前
↓每10分鐘一班↑
四條烏丸 → 四條河原町

京都市內單向通行的循環公車。

😊 **能以最經濟優惠的價格，在市中心移動**
想在市內稍微移動時，最方便的交通方式！只要 100 日圓，無需擔心交通費花費過高。

😣 **僅限週末、國定假日，平日無法搭乘**
只有週末與國定假日才發車，平日在市內觀光時，一定要特別留意。

景點相當密集的京都，若妥善安排公車、地下鐵的路線與時間，就能玩得更盡興。

1 公車

公車路線多，可先透過路線圖查詢前往目的地的交通路線。

搭乘公車的基本常識
● 從後門上車，前門下車
● 車資下車付
● 設定均一車資（市公車、京都公車）
● 可使用 ICOCA、Pitapa 與 Suica 等交通卡

😊 **先鎖定目的地，再進行移動**
公車路線、系統多，大多數的觀光景點都有停靠站。

😣 **春、秋為觀光旺季，要小心塞車**
觀光旺季容易塞車，公車可能不會準時到。

移動時的基本常識

看路線顏色就知道！市公車目的地的標示方式

公車車頭的顯示螢幕上，都會標示不同顏色，目的地一目瞭然！

各條路線的代表色
- 西大路通（北野天滿宮、金閣寺等）
- 河原町通（四條河原町、下鴨神社等）
- 千本通、大宮通（東寺、京都水族館等）
- 東山通（八坂神社、清水寺等）
- 堀川通（西本願寺、二條城等）
- 白川通（銀閣寺、詩仙堂等）

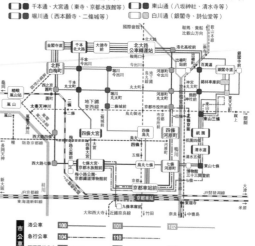

市公車	洛公車	100		101			102
	急行公車	104		110			
	循環系統公車	204		205			206
電車	地下鐵	JR	京阪	阪急			
	近鐵	叡電	嵐電				

請參考本書拉頁的公車路線圖！

大人之旅的選擇

再晚也有安心方便的夜間公車

河原町夜間公車
車資 230日圓　運行時間 22:00（首班車）～23:30，每10分鐘發車　路線 河原町三條（北）→四條河原町（南）→京都車站前

祇園夜間公車
車資 230日圓　運行時間 20:00～21:30，每10分鐘發車　路線 祇園（八坂神社前）→京阪祇園四條（南座前）→四條河原町（高島屋前）→四条烏丸（大丸前）→四條烏丸（地下鐵四條站）→京都車站前

2 電車

七條能讓你的京都之旅更加順暢快速的主要電車路線。

完美 😊 **就算旺季也不會塞車**
想快速移動，按原定計畫觀光，就得搭電車。

遺憾 😣 **可能有人覺得轉車很麻煩……**
多條路線交會的車站，要小心別搭錯車。

搭電車的基本常識
- 所有路線都可使用 PASMO
- 車資依距離區間有所不同
- 地下鐵皆為各站停車
- 近鐵特急須加收費用

七條主要電車路線如下

市中心 ➡ 地下鐵	● 有烏丸線與東西線。 ● 元離宮二條城（→ P.151）直通。	
直達嵐山 ➡ JR	● 從京都車站到嵐山（→ P.111）無需轉車，就能輕鬆移動。	
沿著東山 ➡ 京阪	● 前往三十三間堂（→ P.153）、東福寺（→ P.150）伏見稻荷大社（→ P.136）很方便。	
四條～嵐山 ➡ 阪急	● 從市中心到嵐山（→ P.111）只要 15 分鐘。 ● 無須支付額外車資的特急，每十分鐘一班。	
從東寺到奈良 ➡ 近鐵	● 可前往東寺（→ P.152）、伏見（→ P.139）。 ● 到奈良最快只要 38 分鐘。	
一乘寺～鞍馬 ➡ 叡電	● 可前往一乘寺（→ P.136）、貴船 & 鞍馬（→ P.69）。 ● 也與比叡山延曆寺纜車相互連接。	
嵐山或龍安寺 ➡ 嵐電	● 連接嵐山（→ P.111）與龍安寺（→ P.99）、北野天滿宮（→ P.106）。	櫻花隧道。

大人之旅
的選擇

人潮洶湧時也能順暢移動！
電車可抵達的觀光景點

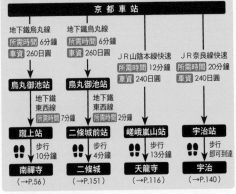

京都車站

地下鐵烏丸線
所需時間 6分鐘
車資 260日圓
↓
烏丸御池站
地下鐵東西線
所需時間 7分鐘
↓
蹴上站
步行10分鐘
南禪寺
（→P.56）

地下鐵烏丸線
所需時間 6分鐘
車資 260日圓
↓
烏丸御池站
地下鐵東西線
所需時間 2分鐘
↓
二條城前站
步行4分鐘
二條城
（→P.151）

JR山陰本線快速
所需時間 12分鐘
車資 240日圓
↓
嵯峨嵐山站
步行13分鐘
天龍寺
（→P.116）

JR奈良線快速
所需時間 20分鐘
車資 240日圓
↓
宇治站
步行即可到達
宇治
（→P.140）

3 優惠票券

可依旅行計畫選擇適合的優惠票券。

遺憾 😣 **人潮眾多時，因公車滿滿都是人，可能會用不完……**
遇到旺季時，移動會比較時間，可能無法按計畫逛完景點。

完美 😊 **參拜廟宇神社等，會有優待特典！**
包括參拜費用的特別優待等，若有優待特典的話，一定要善加利用喔。

可到一乘寺跟貴船　　想前往嵐山、龍安寺的話　　地下鐵移動　　公車之旅　　想縮短移動時間的話

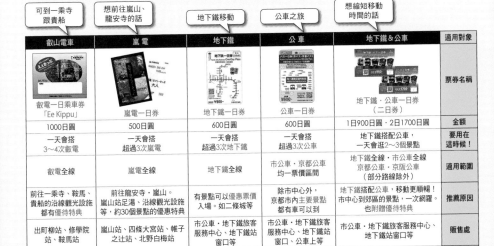

	叡山電車	嵐電	地下鐵	公車	地下鐵 & 公車	適用對象
票券名稱	叡山一日乘車券「Ee Kippu」	嵐電一日券	地下鐵一日券	公車一日券	地下鐵·公車一日券（二日券）	票券名稱
金額	1000日圓	500日圓	600日圓	600日圓	1日900日圓·2日1700日圓	金額
要用在這時候！	一天會搭3～4次叡電	一天會搭超過3次嵐電	一天會搭超過3次地下鐵	一天會搭超過3次公車	地下鐵搭配公車，一天會逛2～3個景點	要用在這時候！
適用範圍	叡電全線	嵐電全線	地下鐵全線	市公車·京都公車均一票價區間	地下鐵全線·市公車全線京都公車·京阪公車（部分路線除外）	適用範圍
推薦原因	前往一乘寺、鞍馬、貴船的沿線優待特典都有優待特典	前往龍安寺·嵐山。嵐山ын足湯、沿線觀光設施等，約30個景點的優惠特典	有景點可以優惠票價入場。如二條城等	除市中心外，京都市內主要景點都有車可以到	地下鐵搭配公車，移動更順暢！市中心到郊區的景點，一次網羅。也附贈優待特典	推薦原因
販售處	出町柳站、修學院站、鞍馬站等	嵐山站、四條大宮站、帷子之辻站、北野白梅站等	市公車·地下鐵旅客服務中心、地下鐵窗口等	市公車·地下鐵旅客服務中心、地下鐵窗口、公車上等	市公車·地下鐵旅客服務中心、地下鐵窗口等	販售處
詢問處	叡山電車運輸課 ☎075-702-8111（平日9:00～17:00）	嵐電（京福電鐵）☎075-801-2511	市公車·地下鐵旅客服務中心 ☎0570-666-846（語音導覽）	市公車·地下鐵旅客服務中心 ☎0570-666-846（語音導覽）	市公車·地下鐵旅客服務中心 ☎0570-666-846（語音導覽）	詢問處

4 觀光巴士

搭乘擁有多條路線的觀光巴士，能讓人更有效率參觀各大觀光景點。

移動時的基本常識
● 觀光巴士座位多半為指定制
● 費用須於預約或在窗口先繳清
● 最好先預約，若當天有空位也可直接搭乘

京都 SKYBUS

搭乘沒有車頂的露天觀光巴士，欣賞京都的美麗街景。除了可從巴士裡欣賞美景外，開放式空間更是超人氣！

運行日	繞市內一圈每天11:00、15:00（15:00的班次1/4～2/28停開）。兜風＆金閣寺、清水寺的時間為10:00、13:00（13:00的班次1/4～2/28停開）。
售票處	京都定期觀光巴士預約中心（075-672-2100）、網站預約。
預約	乘車日3個月前開始接受預約（也可當日報名）。
洽詢	http://www.スカイバス京都.jp/

※提供日、英、中、韓的語音服務。

遺憾 雨天或太大陽時，坐起來有點辛苦

沒有車頂，下雨天或出太太陽時，就必須考量到自己的體力。

完美 可享受開放式雙層巴士座位望出去的美景

從不同角度欣賞到的京都景致，充滿新鮮感。坐在車上吹吹風更是享受。

費用：繞市內一圈2000日圓起。兜風＆金閣寺、清水寺4000日圓。

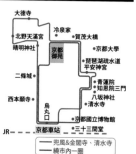

```
              大德寺
        北野天滿宮    冷泉家
     晴明神社         賀茂大橋
              京都
     二條城      御苑      京都大學
                        琵琶湖疏水道
                        平安神宮
     西本願寺        知恩院三門
                   八坂神社
              烏     清水寺
              丸
              山    京都國立博物館
  JR ─ ─ ─ 京都車站
                   三十三間堂

     ── 兜風＆金閣寺、清水寺
     ── 繞市內一圈
```

京都定期觀光巴士

定期推出當季最受歡迎行程的超人氣觀光巴士。不只網羅了京都最值得一看的景點，還附贈觀光巴士限定特典、優惠的觀光行程。

完美 以最有效率的方式，逛遍知名景點

有多種欣賞京都美景的行程，以最有效率的方式逛完知名景點。

遺憾 個人行動的時間有所限制

因為是團體行動，必須配合其他團員、行程。

售票處	京都站乘車處，網路、電話預約優先。
預約	乘車日3個月前開始接受預約（也可當日報名）。※部份行程除外。
洽詢	京都定期觀光巴士預約中心 ☎ 075-672-2100（7:40～20:00）

| 推薦行程 1 | 費用：5700日圓 |
京都三大名所～金閣寺、銀閣寺、清水寺～（A）

| 推薦行程 2 | 費用：6500日圓 |
京都一日～嵐山、金閣寺、清水寺、東寺～（BA）

| 推薦行程 3 | 費用：9980日圓 |
～源氏浪漫之旅～
平等院與宇治散步、醍醐寺、萬福寺（D）※包餐

大人之旅的選擇
能同時享受美食與觀光的餐廳巴士

乘坐兩層樓高的露天巴士前往觀光景點，並品嘗豪華京會席。
（照片為晚餐菜色）

餐廳巴士 京都
☎ 0570-200-770
（受理時間10:00～19:00）

所乘車處為京都站八條口 運行日、時間請上官方網站查詢 6800日圓起 每週三、五、六、日發車 視天候狀況，可能會停開或中止

京都三大計程車行在這裡

都計程車	☎ 075-661-6611
MK 計程車	☎ 075-778-4141
彌榮計程車	☎ 075-842-1212

5 計程車

「想要更有效率地觀光！」建議可搭乘計程車。人數多的話，會便宜許多喔！

高雄 4530日圓
仁和寺 2610日圓
金閣寺 2530日圓
大原 5490日圓
嵐山 3010日圓
西陣 1810日圓
銀閣寺 2210日圓
四條河原町 930日圓
祇園 1090日圓
南禪寺 1730日圓
平安神宮 1650日圓
東寺 690日圓
京都車站
清水寺 1010日圓

※以上為一般情況下的車資。會依交通狀況有所變動。

適合小團體
\\ 計程車移動快速又舒適！ //

跟家人或朋友一起旅行的話，有時搭計程車可能會比較划算。就不需要花時間等公車或電車，省去不必要的移動時間。

大人之旅的選擇

人數越多，價格越合理。輕鬆舒適的觀光計程車

近來，能走遍京都知名景點的觀光計程車包車方案蔚為話題！車行也準備了各種主題的旅遊行程。

〔 參考車資 〕
3小時14420日圓起
（MK計程車）
☎ 075-757-6212

遺憾 人數不多的話，會多出額外的交通費……

不想白白浪費時間，移動起來更順暢的話，就得多找幾個人共乘。

完美 縮短移動時間！就不需要拖著沉重的行李到處跑

移動時可先確認好目的地，減少時間的浪費。就算旅途中，買了些伴手禮也無須擔心。

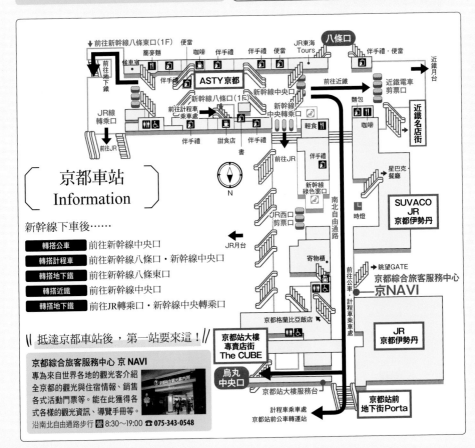

京都車站 Information

新幹線下車後……

轉搭公車	前往新幹線中央口
轉搭計程車	前往新幹線八條口・新幹線中央口
轉搭地下鐵	前往新幹線八條東口
轉搭近鐵	前往新幹線中央口
轉搭地下鐵	前往JR轉乘口・新幹線中央轉乘口

\\ 抵達京都車站後，第一站要來這！ //

京都綜合旅客服務中心 京 NAVI

專為來自世界各地的觀光客介紹全京都的觀光與住宿情報、銷售各式活動門票等。能在此獲得各式各樣的觀光資訊、導覽手冊等。

沿南北自由通路步行 🕐 8:30～19:00 ☎ 075-343-0548

京都歲時記

春、夏、秋、冬，一年四季色彩繽紛！各式活動、美食，
只要鎖定「當季」這個關鍵字，就能增添旅行的韻味。

3月

這時候會看到櫻花冒出花苞，有些地方下旬就開花了。和煦陽光照耀下，讓人感受到春天的氣息。

京筍
產季是
3～5月

東山花燈路 `3月8日～17日`

東山地區

用「燈」與「花」妝點東山的夜晚，形成了一幅美麗的初春風情畫。附近的寺廟、神社也會開放夜間參拜。

2月

雖然月曆上寫著春天，但依舊寒風刺骨。運氣好的話，說不定能同時看到雪景與梅花。

九條蔥
產季是
1～2月

節分祭 `2月3日～4日`

市內各廟宇

立春前一天，為了驅趕惡鬼消災解厄所舉辦的儀式。吉田神社、盧山寺都相當知名。

1月

京都市內的廟宇神社超過2000間，能為人們帶來各式各樣的保佑。一年之初，不妨到廟裡走走，求個平安吧！

聖護院白蘿蔔
產季為
10～2月

初詣 `1月1日`

市內各廟宇

以祈求生意興隆為名的伏見稻荷大社。初一參拜人數是西日本第一！

9月

總算可以告別夏天的炎熱高溫，楚楚可憐的胡枝子花盛開。味覺之秋即將拉開序幕！

丹波栗
產季是
9～10月

中秋賞月 `9月中秋`

舊嵯峨御所大本山大覺寺

重現平安時代的宮中遊興，乘著小船在大澤池上賞月。

8月

在堀川、鴨川舉辦的京都七夕、五山送火等活動，與星空相互映照下，讓人留下深刻印象。

香魚
產季是
6～8月

五山送火 `8月16日`

市內各處

依大文字、妙、法、船形、左大文字、鳥居形的順序點燃，藉此為要回到彼岸的祖先送行。

7月

京都是三面環山的盆地，夏天潮濕悶熱。就用夏季美食的代名詞──鱧魚來消暑吧！

鱧魚
產季是
7月左右

祇園祭 `7月1～31日`

八坂神社～四條烏丸周邊

除宵山、山鉾巡行外，更不能錯過三座神轎一起出巡的神幸祭。三大祭典之一。

▶ P.10

▼鎖定觀光客較少的 7～8月

將目標鎖定在觀光客較少的夏天。透過為期一個月的祇園祭、五山送火、納涼床等，隨處是美景的夏季風情畫，盡情享受千年古都的歷史與傳統。

▼充分享受一期一會旅行的訣竅

雖然美麗景致無時無刻都在變化，不過京都一年四季都會舉辦各種儀式與活動。因此，京都之旅的最大魅力，就是無論何時前來，都能玩得盡興。

一般來說，京都的旅遊旺季是櫻花、紅葉時期，但近年來夏、冬季的觀光客持續增加，節限定的美食等也深受矚目。無論何時，若想躲開人潮，建議大家可盡量早起，善用清晨的閑靜時光。

6月

讓紫陽花顯得更加嬌媚的梅雨也別有風情。30日會舉辦祈求下半年無病無災的「夏越祓」。

東福寺、南禪寺、永觀堂等知名的紅葉景點，也是觀賞青楓的最佳場所！在一片翠綠中，享受寧靜時光。

青楓

夏越祓
6月30日

市內各廟宇

各大神社都設有茅草編成的巨大「茅之輪」。只要穿越過去，就能消災解厄。

5月

藤花盛開，翠綠嫩葉開始閃耀的時節。近年更開始流行賞「青楓」。

5月1日至9月30日，京都奧座敷、貴船或鴨川沿岸都設有涼爽的床席。

貴船川床、鴨川納涼床
▶ P.11　▶ P.84

葵祭
5月15日

京都御所～下鴨神社～上賀茂神社

京都三大祭典之一。以乘坐在神輿上的齋王為中心，莊嚴隆重的遊行隊伍走在都大路上。
▶ P.16

4月

渲染成淡粉紅的春天來臨。想賞櫻的話，從早開到晚開的品種，約有一個月的時間，可以盡情觀賞。

櫻

說到晚開，就不能不提仁和寺的御室櫻。因較為低矮，置身其中彷彿走在櫻花雲海裡。

Miyako Odori
4月

南座（※2019年）

宣告春天到來的 Miyako Odori，以「Miyako Odori Yoiyasa」做為開場。

12月

13日的「Kotohajime」這一天，要開始為迎接新年做準備，年末四處奔走的匆忙氣氛也逐漸加溫。運氣好的話，說不定能看到雪景。

甘鯛
產季是10～12月

嵐山花燈路
12月8日～17日

嵯峨、嵐山地區

這個時期此地區四周都以「燈」與「花」加以裝飾。可盡情享受嵐山地區的優美景色。

11月

堪稱絕景的紅葉季正式展開！在各大知名景點，都會舉辦別具特色的紅葉祭典。

紅葉

從讓人目瞪口呆的壯闊美景到療癒人心的景色，紅葉景致千變萬化！

紅葉點燈
11月中旬～12月上旬

市內各處

夜間點燈受歡迎的程度逐年上升。可以欣賞到有別於白晝的幽玄氛圍，為其魅力所在。

10月

包括以蔬菜、穀物裝飾的神輿為其象徵的北野天滿宮瑞饋祭，會舉辦各種感謝五穀豐收的祭典。

松茸
產季是9～11月

時代祭
10月22日

京都御所～御池通～平安神宮

三大祭典之一。從京都御所到平安神宮，2000人的遊行隊伍所描繪出的歷史景致，令人折服。

※ 各種活動、儀式日期時間可能有所變動。

【飲食】

INDEX　索引

【觀光】

■ 情報旅遊

大人絕景旅 京都

世界遺產 × 京料理 × 京雜貨，探尋古都歲時風物詩
大人絶景旅　京都

編　　著：朝日新聞出版
取材執筆：朝日新聞出版、泡☆盛子
攝　　影：水野秀比古、中田昭、鈴木誠一、
　　　　　Matsudanaoki、便利堂、相關寺社、
　　　　　相關設施、朝日新聞出版、PIXTA、
　　　　　Shutterstock、Photolibrary
譯　　者：王薇婷
編　　輯：俞聖柔
校　　對：俞聖柔、陳婕妤
封面設計：大和製作所
內頁排版：LittleWork、ivy_design

發 行 人：洪祺祥
副總經理：洪偉傑
副總編輯：謝美玲
法律顧問：建大法律事務所
財務顧問：高威會計師事務所
出　　版：日月文化出版股份有限公司
製　　作：山岳文化
地　　址：台北市信義路三段151號8樓
電　　話：（02）2708-5509　傳真：（02）2708-6157
客服信箱：service@heliopolis.com.tw
網　　址：www.heliopolis.com.tw
郵撥帳號：19716071 日月文化出版股份有限公司

總 經 銷：聯合發行股份有限公司
電　　話：（02）2917-8022　　傳真：（02）2915-7212
製版印刷：禾耕彩色印刷事業股份有限公司
初　　版：2019年12月
定　　價：360元
I S B N：978-986-248-851-5

國家圖書館出版品預行編目(CIP)資料

大人絕景旅 京都：世界遺產×京料理×京雜貨，探
尋古都歲時風物詩 / 朝日新聞出版著. – 初版. -- 臺
北市：日月文化, 2019.12
176面；14.7*21公分. --（情報旅遊）
ISBN 978-986-248-851-5（平裝）
1.旅遊 2.日本京都市

731.75219　　　　　　　　　　　　108018905

OTONA ZEKKEI TABI KYOTO
Edited by Asahi Shimbun Publication Inc.
Copyright © 2018 by Asahi Shimbun Publication Inc.
All rights reserved.
Original Japanese edition published by Asahi Shimbun Publication Inc., Japan
Chinese translation rights in complex characters arranged with Asahi Shimbun
Publication Inc., Japan through BARDON-Chinese Media Agency, Taipei.
Chinese translation rights in complex characters translation rights © 2019 by
Heliopolis Culture Group.

◎版權所有，翻印必究
◎本書如有缺頁、破損、裝訂錯誤，請寄回本公司更換